小池一夫

君は大学で何を学ぶべきか

論創社

はしがき

大学で何を学ぶべきか？――それを考える前に、皆さんが将来どのような人生を送りたいと考えているのか、どのような自分でありたいのか、そのことをきちんと考えてみることが基本中の基本です。

学ぶということは、皆さんがこれからしてみたいこと、将来の夢や計画を実現・達成するための一つの手段であり方法なのです。学ぶことの目的ないし目標が定まると、自ずとそれを実現するためには何をすべきか、どのようなことを知っておく必要があるのか、具体的な知の設計図が描けるでしょう。当然のことですが、自分では気付いていないような特性を見極め、自分探しをするために学ぶということも大切です。学ぶことによって、自分の中に眠ったままになっている潜在的な才能や技能を目覚めさせることが期待できるからです。

本書では、私たちが今日という日を、そして明日という日をどのように生きたならば、より質の高い生活や人生を送ることができるであろうか、その観点から、私がこれまで考え、思ってきたことを振り返りながら記してみました。半世紀にわたり大学で教鞭を執り、学生に英語学と英語について指導を行ってきました。その間、自ら資質と知識を一層向上させるため、それに加えて最新の情報を得るために研究を蔑《ないがし》ろにはしませんでした。

「勉強していない者は、人に教える資格はない」という恩師の教えを固く守って教壇に立ちました。知らないこと、分からないことの一つひとつを深く考え、詳しく調べることを繰り返したのですが、実際にその疑問が解けたとしても、さらに別の分からないことが生じてくるものです。どれほど学び続けても知らないことが後を絶ちません。いったん明らかになったことは、竹の節のようなもので、その両端には別の節が待ち構えているのです。

分かったと思えたことが、実は問題の末端部に相当することであって、問題の中心部に辿り着いてはいないことが多々あるのです。一つひとつの節目を乗り越えて行く中で、未知の領域を徐々に減少させ、既知の領域を少しずつ増やしていく作業が大切ではないでしょうか。

私が長年にわたり大学で教えてきたという背景から、本書で取り上げている話題は、英語ないし言語に関わる内容が多くなっているのも事実ですが、読者の皆さんには、それを皆さんそれぞれの立場に置き換えてみていただき、参考にしていただけるようにと願っています。

また「教えることは、教わること」とも言われますが、学生たちと意見交換をしたり議論をしたりする中で、それまでまったく気付いていなかった視点に気付かされることがありました。自分が知っていることと同じくらいの数だけ知らないことがあるのです。

ここで言う「教わること」とは、学生に教える中で自らが新たに気付くことです。「教えるは学ぶの半ば」という『書経』の言葉がありますが、人に学問を教えることは、半分は自分の勉強になる、ということなのです。人に話をすることで、自分が思っていることや考えていることを整理できますし、分かった積もりでいた事柄や曖昧のままであったことに気付くことができるのです。教師のみならず、あらゆる職種や業務に携わっている人にとっても、同様のことが言えるのではないでしょうか。

私たちはこの世にひとりで生まれてきて、この世をひとりで去る運命にあります。しかし生と死の間に横たわる人間としての営みは、決して自分ひとりだけで成し得るものではありません。この世の中に自分という人間はたったひとりだけです。その自分がこの世に生を受けたことには、意味があるのです。自分に課せられている役割に気付いていなくても、必ず自分に与えられ、期待されている役割があるはずです。

大学生として学ぶということは、自分探しに相当する行為かもしれません。その行為を通じて自分の真価や特性に気付き、それを知り、他の人との差別化を図ることが期待されます。その過程で皆さんが将来どのような道を進むべきか、是非ともその道を見出してほしいのです。

私たちは人と人との間で生じる様々な出来事や関わりのもとで日々の生活を送っています。私たちは人の間《はざま》で生きる運命にあることから、すなわち人間なのです。私たちは人を助け、人に助けられ、人と力を合わせながら人生街道を歩んでいるのです。人としての一生は決して平坦ではありません。山あり谷ありです。しかしそれは決して一人旅ではありません。持ちつ持たれつの長い道中なのです。

人と人との出会いは偶然であるかも知れませんが、その偶然をどのように生かして密度の濃い人間関係を育んでゆこうとするのか、そのことを考えることが大切です。

人との付き合いが苦手だという人もおりますが、付き合う方法に上手も下手もありません。相手の人をどれほど大切に考えようとしているのか、誠意を持って真心を込めて相手の人に接しようと心掛けているか、その姿勢が出会いを十分に生かすための鍵になるはずです。

人と人とが友好な関係を築くためには、寄り添おうとする互いの働き掛けが不可欠です。人との出会いが自分の世界を広げてくれます。そのため一期一会の縁を大切にしたいものです。それが仮に偶然の出会いであったとしても、その出会いが必然であったかのように互いに感じられる人間関係へと発展させることが強く望まれます。

私は、今日まで恩師、友人、同僚、学会を通して知り合った研究仲間などの様々な魅力溢れる人々に巡り合うことができました。人との出会いも然《さ》ることながら、大学での教師生活を長く続けておりましたので、本との出会いも極めて大切にしていました。書店の書棚や図書館の書架に並べられている本の中から気に入った本を見つけ出すことは前触れ無しの偶然の出会いになります。私は、その偶然の出会いを求めて、時間さえあれば書店に足を運ぶようにしています。

背表紙に印刷されている書名に引かれて、その本を手に取ってみますが、その本の両脇に並べられている本も必ず手に取ってみるように心掛けています。その一手間によって、自分の中に新しい世界が広がります。私が進んで手にする本の多くは、語学書や人文科学の分野のものですが、両脇に置かれている本は、社会科学や自然科学、時には実用書であったり、娯楽書の類であったりもします。近年、学問研究が学際的な特徴を帯びてきましたから、あらゆる分野や領域についての知識を幅広く、より多く持っていることが望ましいのです。そのため多岐にわたる本をたくさん読むことが求められます。

今日という日を大切にして、精一杯生きる、可能な限り充実した時間を過ごす。そのような心構えで迎える明日という日は、今日よりも一層実《じつ》のある一日になることが期待できるのではないでしょうか。そして過去の経験から大切なことを学び、未来にそれを生かそうとする考え方を大切にして欲しいのです。若い時には失敗を恐れず、何事にも勇気を持って真正面から体当たりして欲しいのです。仮にその結果が失敗であったとしても、チャレンジ精神を持っている限り、何度でもやり直しが利くのです。それが若さの特権なのです。「良薬口に苦し」と言われるように、失敗から得た教訓は極めて尊いものとなります。

本書には、私が今日まで考えたこと、経験したこと、そこから学び取った事柄について記してみました。主に大学生を念頭に置いていますが、大学を卒業した人やその他一般の人にも是非とも手に取って読んでいただきたいのです。私たちにとって、真の豊かな人生とは、決して経済的な目先の豊かさではなく、精神的に充実感が味わえるような、そのような豊かさではないでしょうか。本書がそのことについて皆さんに考えていただくための一助となれば幸いです。
最後になりますが、本書の出版並びに編集の労を執っていただき、その上、数々の有益な助言をくださった論創社編集部の相根正則様に心より感謝申し上げます。なお、本書では一部ですが敬称を略させていただきました。

二〇二三年六月

小池 一夫

目次

第2章　人は教育によって磨かれる

第3章　読書を通して自分を鍛える

第4章　私が大学生活で得たこと

第5章　言語を通して見る世界

第1章　豊かな人生のために

より良い人間関係を築くために

現代社会で自分を生かすために

国際化ないしグローバル化された社会において、今一番求められているのは、しっかりとした自己の立ち位置を持っている人、揺るぎない考えを持っている人ではないでしょうか。社会が複雑化するにつれて、そこで生活する人々の在り方も複雑化されます。そのような状況下にあって、直面する事態にどのように対応したらよいのか、悩み迷うことが増えていると思います。時には、過去の経験が十分に生かされないということがあり得るのです。そのような時に、適切な判断を下せるようになるためには、日頃から真剣に物事について考えるという習慣を身に付けておくことが大切だと思います。現状に安易に満足したり、妥協したりしないで、常に別の可能性を模索する、そのような生活習慣を身に付けることが望ましいのです。

そのようなことをしていたら、日々の生活に疲れ切ってしまうのではないかと思う人もいるかも知れません。ですが、「習慣は第二の天性なり」と言われるように、習慣はその人の気性ないしは性向に深く浸透して、生まれながらの性質のように定着していくものです。第二の天性となれば、苦にならなくなるのではないでしょうか。

物事を複合的に、多角的に考えることに努めることで、思いもよらないようなアイディアや考えが思い浮かんだ経験があると思います。日頃から、人の発想法や考え方について、じっくりと観察していることも大切です。結論という事実（fact）のみを追い求めるのではなく、その結論が導き出されるに至った過程について学ぶことがさらに大切です。5W1Hのwhatについて可能な限り知識を蓄えておくことの必要性については言うまでもありませんが、「どのように」（how）、「なぜ」（why）という観点についても、きちんと、しかもしっかりと押さえておくことが次の新しい発想を生むことになるのです。

天分を生かす

毎日、マスコミを介して様々な出来事がニュースとして飛び込んできます。大変心温まるニュースもありますが、心を痛めるような暗いニュースが多いように思われます。良い知らせとか、人を温かい気持ちにしてくれるような出来事は、数が少ない、というよりも、そのような話題はニュースにはなりにくいということかも知れません。

多くの人は日常の生活で接する人たちとできるだけ良好な人間関係を結びたいと思っていることでしょう。相手の人と上手に接するためには、まず相手のことを尊重し、相手のことを思い遣る、互いに寄り添おうとする気持ちを持つことが大切です。もちろん自分の気持ちや感情を抑えて無理をしてまで相手の人に合わせようとすると、そのような人間関係は到底長続きはしないでしょう。自分の考え方を相手に無理やり押し付けようとするような自己中心的な態度をとるのではなく、自分の考えをきちんと相手の人に伝えて、その人の考えとの接点を見出して、それを共有するように努めることが大切です。そのような柔軟性のある考えや広い心を持つことができると、比較的に和やかで心地よい人間関係が構築されるのではないでしょうか。

『聖書』の「ローマの信徒への手紙」(12章3〜5節)に以下のような言葉が記されていますので引用します。ここにはすべての人に当てはまる真理が語られていると思います。

3わたしに与えられた恵みによって、あなたがた一人ひとりに言います。自分を過大に評価してはなりません。むしろ、神が各自に分け与えてくださった信仰の度合いに応じて慎み深く評価すべきです。4というのは、わたしたちの一つの体は多くの部分から成り立っていても、すべての部分が同じ働きをしていないように、5わたしたちも数は多いが、キリストに結ばれて一つの体を形づくっており、各自は互いに部分なのです。

私たちは自分自身を過信することなく、常に謙虚であるべきです。一人の人間ができることには限りがあります。私たちは多くの人たちの力を借りながら、互いに助け合って生活を営んでいます。私たち一人ひとりに分け与えられている天分というものがあります。一人ひとりがそれぞれの天分を十分に発揮すると共に、個人個人に備わっているその特性を正当に認め合い、それを尊重しながら、互いが励まし合い、力を合わせて切磋琢磨することで、最善の役割分担ができるのです。そのためには進んで勉強に身を入れて、自分自身の天分がどのようなものであるか、それを見出し、正しく理解し、認識することが極めて大切なことなのです。人を教え導く立場にある人は、熱心に指導することに徹し、物を作る役割を担う人は、徹底的に良い物を作るために精を出し、老人の介護に携わる人は、介護を受ける人が生き甲斐を感じて、喜んでもらえるような仕事に励んで欲しいと思います。私たちは自らに与えられている役割を十分果たすために精一杯の努力をすることが期待されているのです。

「人間困った時は、助け合うのが当たり前ではないでしょうか。その代わり助けてもらった時は、人一倍努力して相手の行為に応えて、いつの日かその行為に報いるだけの力を付けることができれば、それが人の道かと思いますけれど」、これはNHK連続テレビ小説『本日も晴天なり』（2022年12月13日の再放送より）の中で、原日出子が演じる主人公・元子が語った言葉です。心を打たれました。日本人は本来この言葉のような、互いに助け合って暮らすという生き方をしてきたのではないでしょうか。

持ちつ持たれつ

「駕籠に乗る人　担ぐ人　そのまた草鞋を作る人[1]」という古い言葉があります。現代では、駕籠も駕籠かきも草鞋も一般人には縁遠くなっています。現代風でないこの言葉ですが、現代社会でも十分通用する内容です。

それが意味していることは、世の中には駕籠に乗るような身分の高い殿様のような人や豪商のような裕福な人がいます。そのような境遇の人を駕籠に乗せて担いで運ぶことを生業にしている駕籠かきがいて、その駕籠かきが履く草鞋を編んでいる農民階級の人がいるという、社会のタテ構造を表しています。しかし駕籠かき自身は決して駕籠に乗ることはありませんでした。「駕籠かき駕籠に乗らず」です。

仕事には目立つものと目立たないものが存在しますが、多くの人の目に触れるような仕事だけが価値の高いという訳ではありません。草鞋を編む農民は目立たない仕事を引き受けている訳ですが、その目立たない仕事をする人がいればこそ、その草鞋を履くことができる人がいるのです。このようにいつの時代でも、世の中には様々な境遇の人が、様々な立場において、持ちつ持たれつの関係で社会を形成し、社会を動かすための重要な役割を果たしているのです。どの職業も人が生活し、生きて行く上で必要とされるものなのです。無駄な仕事など一つもないのです。

木1本では森は作れない

私たち一人ひとりは、それぞれに特有の個性や特性があります。それぞれに長所があり短所もありますし、強みも弱みもあります。そのため一人でできることも当然ありますが、一人では到底為し得ないことがたくさんあります。そのため多くの作業を行うには、異なる個性や特性を持っている人たちの力を借りたり、互いに協力し合ったりする、そのような人にやさしい、慈愛に富む人の輪を作ることが望まれます。

1本の木はそれ自体存在価値があります。しかし木1本だけでは、林は作れません。ましてや1本だけでは森を形成することもできません。

「林」は「生《は》やし」を意味し（日本国語大辞典）、その字形は2本の「木」（木＋木）が互いに寄り添い、互いが対等に双立しているという形を表しています。林は「同じ種類のものが多く集まり、立ち並んでいる状態」という比喩的な意味でも用いられるように、何かが群がり集まることを表します。

「森」の字は、3本の「木」が左右と上下に並べられています。底辺に木が2本並び、その2本が基礎となってその上に別の1本が乗せられている、という文字の構成になっています。森は「盛《も》り」と関係すると言われます。森の字には林の要素が含まれていて、あくまでもそれを構成する要素は1本1本の独立した木です。林よりも規模が大きく、際立って高く大きな木が茂っている場所、それが森です。森の字の特徴は、3本の木が横並びにされているのではなく、ピラミッド状に立体的に安定した形になっていることです。

私たち人間は、一人ひとりがそれぞれの存在価値を最大限に生かして、林のように互いに寄り添って、そして森のように多くの人々の力を、上下・左右それぞれの立ち位置において、一つに結集させてよりよい社会を築きたいものです。人間社会と同じように、森や林の中では、古木が若木を風雨から守るような役割を果たしているはずです。また、若木が成木に成長すると逆に老木を支えるというような互助関係が成り立っているのではないでしょうか。人間は自然界から学ぶことが多いのです。ともすれば自然界を支配しているのは私たち人間である、と思い違いをしがちです。しかし私たちは、自然界の中で生きているのではなく、実は自然界の中で生かされているのです。

楽と苦の同居人生

苦労の後の喜びは大きい

人の一生には様々な苦労があって、必ずしも容易でないことを「人生行路難《かた》し(2)」という言葉が裏付けています。

人は困難に出会った時に、一人で克服しようとする人もいますし、人に力を借りてその困苦に打ち克とうとする人もいます。苦しい時の神頼みといいますが、神に祈って加護を願おうとすることよりも、苦境に立った時には進んで力を貸してくれるような友人や知人を持つように日頃から努めていることが大切なことです。

テレビドラマ『水戸黄門』の主題歌「あゝ人生に涙あり」は、「人生楽ありゃ苦もあるさ」という一節の歌詞で始まります。私たちの人生には、楽しいこと、喜ばしいことばかりが起きる訳ではありません。苦しいことの方がむしろ多いとさえ感じられます。苦しいこと、辛いこと、悲しいことのみでしたら、やってられませんよね。楽しいことばかりだったら、心から人生を楽しむことができるものでしょうか。困難な状態を苦心して、乗り切ったその先で手にする満足感や幸福感を味わい、経験することで、更なる苦労に立ち向かおうとする勇気や意欲が湧いてくるのだと思います。

長い人生は決して平坦な道程ではありません。そこには行く手を阻むような山もあり川もあります。その上、数知れず天変地異に見舞われたり、疫病に苦しめられたりすることもあります。私たちの先人たちは、過去に様々な苦境に立たされた時でも、皆が力を合わせ、助け合い、励まし合いながら苦難の道を歩んで来たのです。2020年に入ってから世界中に感染拡大した新型コロナウイルス感染症（COVID-19）が現在（2022年12月末）もなお世界的流行（パンデミック）が収束の気配を見せていません。これほど長期に亘って猛威を振るい続けることなど当初予測できなかったのではないでしょうか。2022年12月31日午後7時現在、日本国内の新型コロナ感染者数は2923万8866人（+10万6413）、死者数は5万7560人（+256）に上ると報じられています[3]（『朝日新聞』2023年1月1日）。

疫病は昔から人々を苦しめてきました。取り分け1348年から1420年頃に中世ヨーロッパで大流行したペスト（黒死病）による死者数は2000万人とも3000万人とも言われていますが、その数は当時のヨーロッパの総人口の3分の1ないし3分の2に匹敵するものでした。死亡者の多くは貧しい農民階層の人々だったのです。現在とは事情が大きく違って、当時の人々の移動手段は、陸地では馬車や徒歩での移動、海では帆船に限られていたため、ペストの流行には長い時間が掛かったものと推測することができます。

一方、日本では、天平時代（710～794）の735年に天然痘が大流行しました。九州の大宰府（地方行政機関）で天然痘が大流行し、その2年後の737年頃には、東へ拡がって全国的に猛威を振るったと言われています。米国の日本史研究者のウィリアム・ウェイン・ファリスによれば、当時の人口は約400万人ないし500万人と推定されていますが、死亡者数は、そのうちの約25％から35％に当たる約100万人から150万人であったと見なされています（『関口宏の一番新しい古代史』〔BS-TBS〕2022年7月9日放送より）。

また、1918年から1920年に流行したスペイン風邪（A型インフルエンザウイルス）は、全世界で患者数が約6億人に達し、そのうち2000万人から4000万人が死亡したとされています。日本における患者数が2300万人、死亡者数が38万人と言われています（東京都健康安全研究センター https://www.tmiph.metro.tokyo.lg.jp/）。

このように、過去において疫病の大流行を経験してきましたが、いくら医学が進歩、発達したとしても、自然界で人間は無力なのです。しかしそれぞれの苦難を確実に乗り越えて現在に至っていることも事実です。過去に人類が経験したことから真摯に多くを学んで、未来に向かって新たな歩みを進めて行くことが大切なことです。コロナ禍にあって、私たちは感染予防として三密を回避し、マスクを着用することなどを行っていますが、感染予防のための対策は、今に始まったことではないようです。奈良文化財研究所が平城京のゴミ捨て場の遺構から出土した〝多数の壊れていない食器〟から判断して、恐らく天平時代に天然痘が大流行した際に、感染者が使った食器は使い回ししないで、そのまま捨てたものと考えられるとしています。また、その天然痘の流行した後には、それまで大皿が使われていたものが、小皿の使用が増えたと言われています（『関口宏の一番新しい古代史』〔BS-TBS〕2022年7月9日放送）。

このように日本人は様々な苦境に立たされてもそれにめげずにその苦い経験をその後の生活に生かそうと努力して来たことによって、現在の日本という国が造り上げられているのです。

人生経験の豊かな人は、一般に人情味豊かな人が多いようです。「人生経験」という言葉が「（順調に人生を送ってきた人にはわからない）実生活で多くの困難を克服してきた経験」（新明解国語辞典）のことを指すからです。困難や苦境に追い込まれた時にこそ、人にとって真に大切なことを学び取ることができるのだと思います。

「我が物と思えば軽し笠の雪」ということわざがありますが、この意味は「自分のためだと思えば辛いことや苦労も負担には感じない」ということです。このことわざは、芭蕉の門人で蕉門十哲の筆頭と称される宝井其角《たからいきかく》（1661〜1707）の「我が雪と思へば軽し笠の上」（笠に降り積もる雪も、自分のものだと思えば、軽く感じるものだ）という句から生まれたものです。

職人としての姿勢を学ぶ

どの道を究めるにしても、社会で認められるような専門知識や技術を身に付けるためには、それ相当の訓練や修業が必要になります。弟子としてその修業を一定期間にわたって積んだ人だけが、その道で独立が叶う専門家として評価されるのです。

四代・田辺竹雲斎（竹工芸家・アーティスト）は、彼のもとに弟子に入ると、「竹割三年と言いまして、三年間……朝から晩まで竹を割って、削って、（作品を）丁寧に作るとか、気持ちを込めるとか、技術の向こう側みたいなものを作る姿勢を学ぶ」（『竹の宇宙へ挑む』／『日曜美術館』〔NHK　Eテレ〕2022年5月29日放送）と語っています。弟子入りすると最初に職人としての姿勢を学ぶことが代々の教えであって、弟子はその単純な作業を根気強く続けることで、刃物などの道具の使い方を修得し、素材としての竹の性質や癖を熟知する、その経験と知識、確かな技術が将来竹工芸家として独り立ちするための人生修業となるのです。その番組の中で、二代・田辺竹雲斎が「ただ竹の特性についてゆけばええだけなんです」と語っていましたが、その道を知り尽くした名人ならではの含蓄のある言葉です。

経験は大きな財産になる

今日の自分は昨日の自分にあらず

私たちは、毎日が代わり映えのしないように思われる生活を送っていても、今日という時の流れの中で経験することは、昨日のそれとは決して同じものではありません。つまり昨日と同じように思われることでも、今日という時にする経験は、過去にしたことのない全く別の経験なのです。仮に昨日うまくいかなかったことや失敗したことについては、同じ失敗を二度と繰り返さないようにしようと考えている今日の自分は、明らかに昨日の失敗を経験した自分とは違う自分なのです。初めから完璧な人はいません。人は失敗や迷い、困難なことを何度も経験して、それを一つひとつ克服する試みの中で、それを回避するための知恵を身に付けて賢くなっていくのです。

人類が営む社会生活において過去に起こった事象の変遷ないし発達してきたその過程が歴史です。人類は時間が経過する中でさまざまな経験をしてきました。歴史はその記録であり、人類が辿ってきた足跡であるとも言えます。

そこで歴史について学ぶ意義は、人類がその過去に経験したことについて正しく認識し、その経験を自分たちの現在ないし今後の生活に十分生かそうとすることにあるのではないでしょうか。「歴史に学ぶ」、「歴史から学ぶ」、その意義は極めて大きいのです。そこから学び取った経験や結果が好ましいものであれば、それを積極的に取り入れ、好ましくないものは、二度と同じようなことが起こらないようにするための戒めとすべきです。

生活様式を決定するもの

人類は、旧石器時代には、狩猟採集社会を形成していました。狩猟や漁労による自然物に依存する生活でした。獲物を追い求める生活では、一か所で生活することを妨げる遊動生活を送っていました。[4] 自然任せの生活は、非生産的であり、不安定であったことが容易に想像できます。狼と共生し、犬を手に入れるなどして狩りの精度を高め、身の安全を確保しようと試行錯誤したものと想像ができます。彼らはそのような安定しない生活環境を何としても打破しようとしました。

その後、新石器時代を迎えて農作物を栽培するようになり、農耕社会を形成しました。そのことによって食糧を自給するという比較的に安定した生活様式を手に入れたのです。食糧生産が増加したことによって人口が飛躍的に増大し、文明発生の基盤が築かれたことは、人類の歴史において大きな一歩となったのです（マクニール．２０１６）。

非定住社会から定住社会へと大きな変革が起こったことで、集団としての生活意識が以前にも増して強まったと考えられます。それに伴って集団自衛策を講じることになって、住居集団の守備を固めるための専門要員が配備されました。それ以前の非定住期には、個々に武器としての石器を手に持って、争っては逃げるという戦い方をしていたと考えられます。喧嘩から戦争へと争いの形式が変遷しました。それと同時に集団の中での人々の役割分担も定まってきたものと思われます（池田信夫ほか：２０１２）。

日本人の集団意識

話を日本に移しますが、日本人の集団意識や集団での作業についてここで触れてみることにします。人々の間に築かれてきた生活様式は、その生活が営まれる自然環境や地勢が大きく影響することになります。日本は、第一次産業の一つに位置付けられる農業のための農地が国土の17％しかありません（池田ほか：２０１２）。しかも平地ではなく傾斜が急な地形が多く、米作を行うのには必ずしも条件が適しているとは言えないことも事実です。まず田を作るために山野を開墾することが必要になります。その上、米作に必要となる水の確保も問題になります。どこかから水を引いてこなければなりません。しかし開墾にしても、灌漑工事にしても個人で行うことは到底無理なため、村の人々が総出で手伝うという緊密なチームワークの共同作業によってはじめて成し得るのです。この共同型の作業こそが将来の日本の製造業を中心とする第二次産業の発展を下支えする重要な基盤づくりに継承されて行くのです。田植えや稲刈りなどの農繁期には、今でもなお農村で見掛ける共同作業ないし協働の原形がこの段階で作られたものと見なすことができるのです。

「我田引水」という言葉がありますが、本来、「自分の田にだけ水を引く」という意味で用いられていましたが、その後、「他の人のことを考えずに、強引に自分の利益になるように計らう」という意味で広く用いられています。水田に水を引き入れるということが、稲作において欠かすことのできない大切な作業であったことを物語っています。この一例が示すように、言語はそれを話す人々の生活振りや生活に根差した考え方を如実に表しているのです。そのため言語を手に入れたことは人類が成し遂げた偉業の最たるものではないでしょうか。

大切にしたいこと

私たちにとって大切なこと

私たちにとって何が最も大切なことでしょうか。シンプルに考えてください。まずは命ではないでしょうか。命があってこそ、私たちは日々の生活を送ることが可能になるのです。命は、私たちが生き続ける限り、すべての活動を支える根源となります。「命有っての物種」という言葉によって表されるように、命が最も私たち生物にとって大切なものです。

私たちは、日々の生活の中でその命の大切さ、命の重さを自覚することが、より良い自己を形成する上で、不可欠であると思います。失った命は二度と取り戻すことはできませんから、自分の命は自らが守らなければならないのです。

家族も掛け替えのない存在です。それは自分の命と、生物学的ないし社会学的に最も深い関わりを持つ人々によって形成される存在であるためです。しかし家族は個の集団である限り、いつも変わらない状態が保たれるとは限りません。不和が生じている家族や家庭の話を見聞きすることは決して珍しくありません。

言い換えれば、どの家族にも不和や仲たがいが突然起こり得るということです。一人ひとりが異なる人格や性格を持った存在であるからです。不和を食い止めるためには、日頃から互いに深い信頼関係を築くための一人ひとりの努力や働きかけが不可欠です。親は自分が生んだ子だから、自分のことを理解してくれるものと考え、子からすれば親なのだから分かってくれているはずだと、それぞれの立場で考えていることが、心の隙間を作ってしまう原因になり得るのです。生物学的に血を分けた（＝血縁関係にある）親子や兄弟姉妹であっても、それぞれ別の個としての他人（＝自分以外の人）なのです。「兄弟は他人の始まり」と言われる所以《ゆえん》です。そのことを認識しながら、血縁者としての愛情を互いに注ぎ合うことがとても大切なことだと思います。

大切な友だち

友だちもまた人生において掛け替えのない大切な存在です。自分のことを十分に理解してくれて、自分も友だちのことを理解している、心が通じ合うような人間関係を持つ者同士が友だちです。友だちとは社会的に共通点があって、志や行動を共にする存在で、血縁という縛りがない人間関係であるため、家族にも話せないような悩みや夢を打ち明けられます。つまり割り切った人間関係が保てるような親しい、信頼できる存在なのです。

友だちは少ないよりも多いに越したことはありません。もしその数が少なくても、いざという時に頼れる、そして心の支えや力になってもらえる友だちがいてくれるなら、それで良いのです。

数よりも質なのです。「友」は「共」と同じ語源の言葉ですから、共に同じ志を持って、共感し合える間柄が友だちであり、互いに寄り添おうとする真心が友情なのです。

私たちは、安らぎが感じられるような日々の生活を望んでいます。毎日の生活が満ち足りたものに思えるような、不安や心配事のない生活が理想的なものです。しかし多くの人々と関わり合って仕事や生活を行うため、時には、予想もしないようなことが起こって、人間関係に苦慮したり、悩んだりします。そのような時に相談することができる人が身近にいたならば、その精神的な苦痛を和らげることができると思います。誰かに悩みごとや心の内をつつみ隠さずに話すことで、鉛のように重い心が多少なりとも軽減されることになるでしょう。

豊かな人間性を養う

人は、社会という共同体の中で存在します。自分一人だけでは到底生活が立ち行かないのです。そのため常に他者を尊重する、他者を思い遣る、他者と協調する、そのような広い心を持っていることが大切です。そのためには自分のことも人から大切に思ってもらえるように、日頃から鍛錬し、人格を磨くための努力を欠かさないことが望まれます。

人に何かを伝えようとする時には、それをどのような伝え方をするかによって、相手が受ける印象には大きな違いが生じます。「物は言いよう」と言いますが、物事は言葉の使い方や言い表し方で、良くも悪くも受け止められるのです。言葉は理性的に用いたいものですが、ともすると感情的になりがちです。感情的な話し方をある程度抑止するものが教養の力であると思います。高い教養を身に付けることによって、深遠な知識のみならず、心の豊かさが養われるのです。教養人が多くの人から敬われるのは、物知りであるという一面も然ることながら、その豊かな人間性に因るものだと思います。

学びの究極の目的は、豊かな人間性を養い、身に付けるということではないでしょうか。「物知り」と「教養人ないし知識人」とは、異質なものです。物知りは、多くの情報を持っていても、それを積極的に活用しようとしない人です。一方、教養人ないし知識人は、得た情報を解析、統合、整理などを行って、それを知識や知恵に変換することができる人なのです。ただ単にたくさんの情報を持っていても、それを有効に生かして使うことができないようでは「宝の持ち腐れ」になってしまうでしょう。単発的な個々の情報が一体どのような意味を持つものであるのか、他の情報とどのように関わり合いがあるのか、あるいは関わらないものなのか、それを正しく見極め、判断できることが望まれます。

熱意によって対話は弾む

知識は、それを実生活において十分に生かすことができなければ、「宝の持ち腐れ」になってしまいます。自分が持っている知識を世のため、人のために生かせてこそ真価が発揮できるのです。専門分野以外のことについても成る丈様々なことについて知っていると、人と話しても楽しい時間を持つことができるのです。そのためにもある一定の分野についての深い知識のみならず、仮に浅くても幅広い興味や知識を持っていることによって、人の話を理解することが可能になり、自ずと話題が深まって、多くの人と豊かな人間関係を築くことができるのです。熱意を持って人と向かい合うことで互いに歩み寄り、対話が弾むことになるのです。

多くの人と話していますと、知らないことや分からないことが話題に上ることがあります。そのような時には「聞くは一時《いっとき》の恥、聞かぬは末代の恥」ということわざがあるように、一時の恥を忍んで相手の人に分からないことを尋ねて、少しでも理解しようとすることが大切です。その話題に興味を示していることが相手の人に伝われば、熱心に説明してもらえるのです。

質問するということは、決して簡単なことではありません。上手に質問をしなければなりません。質問の仕方によっては、相手に自分がどの程度の知識を持っているのか、あるいはどれ程、どこまで理解しているのかを知られてしまうのです。

学生に、質問する時には質問の仕方を工夫するようにと言ってきました。特に、大学生のレベルになると、単に「〜が分からないのですが」とか「〜はどういうことですか?」というような、相手任せの質問の仕方を避けて、「〜について、このように考えているのですが、それでよろしいのでしょうか?」とか「〜について、ここまでは理解しているのですが、それ以上のことが分からないのですが」というような、一段階レベルの高い能動的な質問の仕方をすることによって、それに見合った質の高い答えを得ることができますよ、と学生に伝えていました。「これは何ですか？」式の相手任せの受動的な質問に対しては、そのレベルの答えしか期待できないと考えるべきでしょう。能動的な質問の仕方を身に付けておくように心掛けておきたいものです。

自分を向上させるために

人はともすると上り坂よりも平坦な道を選びたくなるものです。その方が楽であるからです。しかし平坦な道ばかりを歩んでいたのでは、自分自身を向上させることはできません。

人が上を目指すことに、一体どのような意味があるのでしょうか。「上」は「地位・能力・程度・年齢などがまさっていること。また、その人」（明鏡国語辞典）と定義づけられています。このことから物理的に高い位置や場所は、遠くから目にすることができるような目立つ存在なのです。そのため地位や能力、程度などが目立つ存在として比喩的に「上」が用いられるようになったもの考えています。より高い知識や能力を身に付けることによって、多くの人には見えないもの、多くの人が考えつかないようなことを考えつく可能性があるのです。

その結果、見渡す世界が一段と広くなるのです。楽な人生を選ぼうとして、自分を磨き向上させようとする試みや努力を怠ったり、疎かにしたりすることは、自己破滅に繋がるものと自覚すべきです。

自分をより一層高めるための道は険しく遠い道程であって、決して王道や近道はないのです。

信頼される人創り

私たちが大切にすべきことはたくさんありますが、社会において多くの人と仕事や生活を共にする上で、人から信頼される存在になることが極めて大切だと考えています。信頼とは、読んで字のごとく〝人から信じられ、頼りにされる〟ことです。人から信頼されるためには、まずそれに値する人格ないしは人間性を形成するための心構えが必要です。仮に一時的にそのように装ったり、振る舞ったとしても、すぐに化けの皮が剥げてしまいます。その結果、かえって信用を失うことになってしまいます。人は身の丈に合った、分相応の振る舞い方をすることが大切です。

最近、企業などの様々な不祥事が報道されています。一度、不正が起きてしまえばそれまで長年に亘って消費者との間に築いてきた確固たる信頼関係が、一気に崩れてしまいます。信頼を得るまでには、長い時間と努力が必要となりますが、信頼を失うのにはそれほど時間は掛からないのです。「信頼を失うのは一瞬、取り戻すのは一生」と言われるように、一気に雪崩を打って信頼が失われることになります。一度失ってしまった信頼は、それを元の状態に再度戻そうとすれば、一生分に相当するほどの長い年月を要することになってしまいます。信頼関係を希薄なものにしないためには、思い上がることがないように、馴れ合いにならないように、日頃から人間関係や職場環境に注意を払い、整えておくという心構えが必要になります。

近年、我が国の社会において、以前と比べると信頼関係が希薄になっているように感じられてなりません。特に、首都圏や大都市では、多くの人が毎日時間に追われ、仕事に追われて気持ちの上でゆとりが無くなって、本来、人と人との繋がりを密度の濃い、滑らかなものにするための精神的な潤滑油が失われてしまっているように思えるのです。そのため、とかくぎくしゃくした人間関係になっている気がしてなりません。一人ひとりの心にゆとりが無くなってしまうと、自分のことも然ることながら、人のことを思い遣ったり気遣ったりする余裕がなくなってしまいます。そのような環境では、一人ひとりに備わっている能力を十分に発揮して、満足の行く意義深い仕事を成し得ることは到底期待できません。

「いまの社会で生活している人たちの間で最も危惧されているのは信頼であると言われている。たとえば、皆が信頼していれば、なんなく解決できる事柄も、世の中で信頼が失われているために、深刻な事態にいたることがある。」と東方敬信（２００９．p. 121）が指摘するのももっともです。

そもそも人から信頼を得るために、一体どのようにしたら良いのでしょう。人から信頼を得るためには、誠実な人柄、誰にも分け隔てなく接する公平性、強い責任感、人に寄り添うしなやかな心が必要です。そのような人間性に加えて、学問を身に付けておきましょう、と私は申し上げたいのです。学問を身に付ける意味は、広い心、柔軟性のある思考力、精度の高い判断力を身に付けることです。そして身に付けた知識や能力を人のために惜しげもなく活用することではないでしょうか。

人は誰のために学ぶのかと言えば、もちろん自分のためでもありますが、人のためでもあるのです。学んだことを人のために役立てることができてこそ真の価値が発揮されるのです。

人の痛みが分かる人間に

苦労を経験したことのある人は、人の苦しみや辛い気持ちが理解できると言われます。例えば、歯の痛みを経験したことのない人には、歯の痛みがどの程度の痛みか、どのような痛みか、到底理解することができないと思います。歯の痛みを経験したことのない人は、自分が過去に経験したことのある他の部位の痛みを思い起こして、それと置き換えて、多分このような痛みであろうと推測することでしょう。人のことを心配し、困っている人に寄り添おうとする思い遣りのある心で人と接しようとする気持ちを皆が持っているならば、平和でとても過ごし易い社会が実現するものと思います。

もしあなたが優しく人と接することを日頃から心掛けているのであれば、必ず人もあなたに同じような対応をしてくれるものと思います。ただし皆がそのようにあなたに接してくれるとは限りませんが。「人を思うは身を思う」と言いますように、他人に情けをかければ、やがてそれが自分に返って来て、人から愛されるようになるということです。従って、「人は情」と言うように、互いに思い遣りが大切です。

東京のNPO法人「難民を助ける会」の職員であった宮崎淳《あつし》のことが『朝日新聞』（2022

年10月15日）に掲載されました。２０１１年3月の東日本大震災から7カ月後に、トルコ東部ワンで６００人以上の犠牲者が出た地震が発生しました。その犠牲者に生活物資や医療品を配る活動のために、宮崎は現地に駆けつけて救援活動を行ったのです。しかし不幸が襲って、翌月に再び地震が起こって、滞在先であったホテルが倒壊し、がれきの下敷きになって、41歳で亡くなってしまいました。トルコの人々は、犠牲者のことを思い、犠牲者に寄り添ったその思い遣りに溢れる温かな人柄の宮崎のことを忘れないようにと、トルコの街にある公園に「ミヤザキ森林公園」という名前を付け、またイスタンブールなどにもその名前を付けた通りや学校があるとのことです。

宮崎は「自分の周りだけでなく、遠く異国の地にいる人たちの痛みにも思いをはせる」（同紙）、そのような人でした。私たちも宮崎のような「人の痛みが分かる人間」でありたいと思うのと同時に、そのような人が今後増えてくれるようにと心から願うのです。

第2章　人は教育によって磨かれる

教育は人を育てる

教育の2つの側面

優れた教育者とは、学生や生徒への教え方（教えるための技術）を身に付けている人たちです。「教育」は「人を教え育てること」（明鏡国語辞典）、このように辞書に記されています。つまり「教育」とは、一般に教える側の観点から捉えられている傾向があります。「知識・教養・技能」などが身に付くように、教師や専門的な知識、技能を持つ人が、児童・生徒・学生などに「教えて」、「育てる」という他動的な意味合いで用いられるのが一般的です。

しかしもう一つの観点があるはずです。「教育」を「授ける」側から、「教育」を「授かる。授けられる」側からの見方も成り立つと思います。しかしそのような観点での捉え方は一般にはされません。しかしあえて私はその見方を提言してみたいと思います。「教わる人」の立場に立った観点も存在すると考えるのです。その場合、「教育」を「教えてもらって育てられる」あるいは「教えを受けて自らが育つ」という見方です。つまり教わる側から見た教育もあるはずです。人から教えてもらい、育ててもらう、という受動的な捉え方があるのです。

前者の「人を教え育てること」という教育は、学生たちが教わった知識や技能などが、必ずしも「身に付いた」という保証は全くないことになります。それに対して後者の見方、つまり「教えてもらって育てられる」という捉え方では、「教えを受けて自らが育つ」ということは「育った」こと「教わった知識や技能が身に付いた」ということが予測されます。この概念は、育成、つまり「育て上げること」、「育てて立派なものに作り上げること」に相通じる考え方です。

教えるための心得

教え方が上手な人から教わると、教え方が必ずしも上手ではない人から教わるよりも、教えられる内容が身に付きやすいのです。教え方が上手い人は、教わる人の心を掴むことに長けています。自ら「分からないということ」を経験し、学習に苦労したことのある人であれば、教わる人が一体何が分からないのか、どこで躓《つまず》いているのか、それを察することができるでしょう。つまり分からないことが何であるのか、それが理解できる人なのです。分からないことには、それなりの原因と理由があるはずです。その原因や理由が分かるとそれを解決するための方法があるはずです。それが理解するための糸口になるのです。

人生においても、勉学においても、躓くということを恐れてはならないのです。躓くことは決して無駄なことではないのです。躓いたことや失敗したことから貴重なことを得ることができるのです。躓いたら、その原因や理由をしっかりと考えて、同じようなことを二度、三度と繰り返さないように心掛けることによって、人は成長して行くのです。山登りに譬えれば、坂道や急斜面を自分の足で一歩一歩登ることによって、頂上に立った時の喜びと達成感は一層大きなものとなります。その途中途中で経験したことが後の新たな登山に生かされることになります。勉強も同様です。一つひとつ難問に挑んで、それを乗り越えたという経験が大きな自信になり、実力を蓄えることにもなるのです。

人に物事を教える立場の人は、教えようとするそのことについて単に知っているという程度では、決して十分ではありません。説明するのは難しいことなのです。知っている、分かっていると自分で思っていることと、それを説明することとの間には大分距離があるのです。人に説明し、納得してもらうためには、知っているというレベルよりもその数倍のことを知っていなければならないのです。人に教えるのは自分が知っていることの70％から80％程度でしょう。１００％教えようとするためには、少なくとも１２０％ないし１３０％程度の知識を備えておく必要があります。教える立場の人は、多少余裕やゆとりを持っている必要があります。全く遊びのない自動車のハンドルのようであれば、精神的なゆとりが全くないため、教わる側の人のことを推し量ることができないはずです。自分に残されている20％ないし30％の知識を蓄えていることで、質問にも余裕を持って答えることができるでしょうし、必要に応じて適宜に補足説明をも行うことができるのです。

また、概して好ましくないことについて用いられる「氷山の一角」という言葉があります。たまたま表面に現れたことは、全体のごく一部分に過ぎない、という意味です。それは海面上に現れている氷山の部分は、全体の7分の1から8分の1程度（10分の1という説もあります）であって、ほとんどが水中に沈んでいることからそのように譬えられるのです。授業で教える場合、まずその時間内で教えなければならない基本事項について説明するようにして、水面下の氷山のような知識の宝庫から、必要に応じて基本事項を補塡するような事柄について話すようにするのが学生には理解し易いと思います。大切なことは要点を簡潔に述べ、理路整然と説明することです。

教えることは教わること

上手な教え方とは、簡潔に論点を伝え、分かりやすい実例を挙げながら説明する。教わる人の様子を把握して、分からないという表情や素振りを見逃さない、そのような要素が備わっていることだと思います。教師は人に教えることが仕事です。従っていつも自らも学ぶ姿勢を持ち続けなければなりません。自ら率先して研修を受けるなどして、自分自身を向上させるために勉強を怠らないように心掛けているべきです。常に新しい情報が受信できるような高性能アンテナを張り巡らせていることが大切なことです。情報は都合よく向こうからやって来るものではありません。こちらから掬いに行かなければ、手に入れることはできません。

時間の経過とともに世の中は変化しています。その変化に敏感である必要があります。一度覚えたことをただ単に繰り返し教えているような教師であってはならないのです。それほど世の中は甘くありません。研鑽に研鑽を重ねてこそ、自己の向上が成し得るのです。

教えることは教わることでもあります。学生に講義をしていると、時折、それまで思い付かなかったようなことや、考えてもみなかったようなことが突如脳裏に浮かぶことがありました。その時すぐにメモを取っておきませんと、その閃きを二度と呼び戻すことはできません。そこで講義を一時中断して、書き留めることを心掛けました。そのメモが新しい発想を生み、新たな研究のテーマとなるのです。

学生に話すことによって、自分が分かっていると思い込んでいたことが、実は十分に理解できていなかったということに気付くことがあります。とは言っても、可能な限り下調べをして、その時点では納得できる程度に準備を整えて授業に臨むということが基本条件です。そこまで調べ込んでおいたにも拘らず、それでも不十分な点に気が付くということは、気付いていない盲点の一つひとつを潰して、それを減らして行くという行為なのです。

常日頃、問題意識を持ち続けていることが大切です。その意識を持っていなければ、貴重な情報が身近に迫っていても、それをつい見過ごしてしまいます。受け止める好機を逸してしまうことになります。常に身辺を流れている宝物を確実に掬い上げることができるような心構えをしていることが肝要です。

原石を磨いて宝石にする

参考までに記しておきますが、英語のeducation（教育）は、動詞educateから作られた名詞形の単語です。そのもとになった動詞は「導く、案内する」という意味のラテン語のēdūcereからの借用語です。educateは、e-（外へ）＋-duc（導く）＋-ate（能力）、つまり「能力を導き出すようにする」（ジーニアス英和大辞典）という語の構成になっています。つまり英語のeducationは、本来、人や動物に備わっている「能力を導き出すようにする」という発見の行為なのです。つまりこの単語は、教える立場の教師は、教わる対象者である学生が持っている能力を「教えによって気付かせる」、「その潜在能力を導き出す／引き出す」という意図のもとに用いられているのです。つまり「磨かれていない状態の原石を（教育によって）磨き上げて宝石にする」という作業が西洋風の発想に基づいたeducationなのです。

教育を生業《なりわい》にしている私たちは、日々「人を教え育てる」という大きな、重い責任を負っているのです。学生・生徒・児童に教育を施すということは、取りも直さず我が国の将来を背負って立つ国民を育成しているということなのです。私たちには「教え導く」側の視点と、「教えを受けて自らが育とうとする」側の視点、その両方の視点を常に意識しながら、教育に専念することが期待されているのです。

教育が目指すこと

抽象概念や目に見えないものを学ぶ

学校教育や独学で私たちが学習し、学ぶことは、個々人の内面に潜んでいて具体的に認識されていないような才能や技能の潜在的な能力を発掘したり、磨いたりする研磨作業に似ていると思います。教育を通じて学び、知見を深めたり、広めたりすることで、自分自身が気付いてはいないような才能や技能に気付くことができるのです。教育が果たす重要な使命がそこにあると思います。

私たちが教育によって修得することは、必ずしも即活用できるような具体的な事柄について学ぶことばかりではありません。抽象的な概念や、ともすれば習っていることが一体何の役に立つのだろうかと、不審に思われる内容も学ぶことになります。そのような抽象的な概念を成長期に学んでおくことは大変意義があると考えています。人が社会生活に適応するために要求されるような多種多様な知識や教養、技能などを身に付けさせるために行う訓練こそが教育の本質なのです。学習者が将来社会人として様々な領域や局面に十分対処することが可能になるような知恵を修得します。教わることは具体的な事柄ばかりではなく、抽象的なことについても当然学ぶことになります。私たちはともすれば目に見える有形の事物に目を向けがちで、そのような事物に価値を認めようとする傾向があるように思われます。つまり目に見えないものよりも目に見えるものの方がより具体性が高いことから、容易に認識しやすいからではないでしょうか。しかし目に見えないものも見えるものと同じように価値の高いことを知ることが大切です。

世界の国々や民族間で、価値観や考え方が必ずしも同一ではありません。それぞれの国や民族の観点から、自分たちがその土地で生きていく上で知っておかなければならないような事柄が教育を通じて子どもたちに教え込まれるのです。国ごとに教育制度、教育科目や内容が異なっているのはそのような理由によるものです。つまりその教育が行われるその社会やその構成員にとって必要不可欠であると考えられるような基本的なことが生徒や学生に教えられているのです。

教育を受けることで、最も学んで欲しいのは、目に見えないものも目に見えるものと同程度ないしはそれよりも高い価値を備えているという判断力です。こうした判断力を身に付けて欲しいのです。『聖書』の中で注目したい言葉がありますので、以下に引用します。

> わたしたちは見えるものではなく、見えないものに目を注ぎます。見えるものは過ぎ去りますが、見えないものは永遠に存続するからです。（コリントの信徒への手紙二４章16～18節、新共同訳）

ここで「見えないもの」について、キリスト教とは切り離して考えてみたいのです。つまり私たちが教育を受けて、学問することで、何を身に付けるべきかといえば、それは不変の真理です。目に見える実在物を単に見えるままに受け止め、理解するという平板的な物事の捉え方に満足するのではなく、そのものの実態を正しく理解すべきなのです。見えるものについては、それを正しく認識し、分析的な見方を身に付けることが大切です。目に見えない無形のものにも注意を払うことの大切さ（＝見えないものに目を注ぐ）、見えないものこそが時間の経過に伴って風化しない永続性のある真理（＝見えないものは永遠に存続する）であると気付くことが大切ではないでしょうか。「学ぶ」ということは、目に見えないものを見たい、見えないものに憧れるという人間が持つ強い欲望や願望を実現しようとすることなのです。目に見えるものを正確に認識すること、そして目に見えないものに気付くことができるような人材の育成こそが、教育が目指している本質なのです。

サン＝テグジュペリの『星の王子さま』の中で、賢い狐が王子さまに「大切なものは目に見えないんだ」という言葉を掛けます。つまり目に見えるものだけに目を奪われてはいけない、目に見えないものにこそ意識を向けることが大切なのです。

日本の教育に思うこと

日本では、中長期的な計画に基づいて教育政策が行われているとは残念ながら思えません。教育には、その国の将来を託すことができる国民を育成するという重要な責務があるはずです。50年後の日本をこのようにしたい、１００年後の日本はこうであるべきだという指針すらも国民に提示されていません。私たちが今後進むべき方向性や道標すら提示されていないのです。

このような国のあり方で良いのだろうかとふと考えることがあります。教育の不毛は、国力を衰退させ、国の荒廃を招きます。昨今、我が国の教育界では、十分将来を見据えて吟味や精査をしないまま、グローバル化という名の下で外国（主に米国）に追随して、その制度や様式を無造作に取り入れているように思えてならないのです。

国それぞれに、そこに相応しい固有の環境や伝統というものがあります。その土地の人々が無理なく生活を営める風土があり、そこでは彼らの民族性や国民性が育まれているはずです。その風土こそがその土地に深く根差した人々の生活慣習を育み、発達させることができるのです。それを全く無視して、我が国では、安易に他国の異質の文化や慣習を取り入れる傾向が見受けられます。それはまさしく菊の茎にひまわりを接ぐようなもので、菊でもなければひまわりでもない得体の知れないものになってしまいます。それが枯れずに育つならばまだしも、環境に適応せずに水分や養分を十分に吸い上げることができずに枯れてしまうのが落ちではないでしょうか。

また、努力や精進もせずに、楽をして実《じつ》を上げることなど、本来あり得ないことです。日本人の多くが、国民の間で代々受け継がれてきた勤勉さを過去に置き去りにして、自由主義を履き違えて、自由奔放な気分と効率化を最優先させるという風潮が見受けられます。田舎の縁側に近所の人が寄り集まって茶を飲みながら話している光景に象徴されるような、人と人との間に温かい血が通い合う伝統的な生活習慣が極度に減少し、世知辛い、ギクシャクした人間関係ばかりが目に付きます。

教育とは、人に人としての種を蒔き、苗を植え付けることです。その種がやがて発芽し、苗が成長して実を結ぶことができるように、愛情を込めて丹念に世話をする行為や仕組みこそが教育の本質です。農作物を育てる人々は、天候の変化に敏感になり、作物の生育状況に心を砕き、手をかけ時間をかけて丹念に肥料や水をやります。丹精を込めて世話をしない限り、期待するような野菜や果物の収穫は決して見込めません。人間が手掛ける農作業と教育には共通する点が多いのです。

本来、教師は生徒や学生への教育指導に専心すべきですが、昨今、小学校から大学までの各教育機関において、質の高い教育や研究を行うために欠かすことのできない研修や研究、自己研鑽のために教師が費やす時間が、以前と比べて大幅に減少しています。このような状況ですと決して期待されるような結果は得られません。思考を巡らせ、丹念に調査や分析を行って真髄を究め、真理を追究しようとするのであれば、当然、そのための時間が必要になります。教育とはそもそも経費が掛かるものです。機を逸することなく国をあげて大規模な先行投資をすべきです。そうすることで「日の本《もと》」の国に、未来に繫がる「明日《あした》」という明るい日が必ず訪れるはずです。

『相棒』から学ぶこと、考えること

『相棒』（テレビ朝日）は、長年に亘って人気番組の上位を占めています。競争の激しいテレビ業界にあって、高視聴率番組としての地位を維持し続けるためには、それなりの事由がなければなりません。

この刑事ドラマでは、水谷豊が演じる警視庁特命係の杉下右京警部と、彼とは全く異なるキャラクターの相棒が、次々に起こる難事件を見事に解決して行きます。切れ者ではあるが変人とも称される右京の存在感がそこにはあります。緻密で論理的な思考力、群を抜く洞察力、僅かな誤差でも決して見落とさない・見逃さない、そのような注意力と観察力が具わっている上に、沈着冷静かつ慎重な右京を見事に演じる役者は水谷を措いて他にはいないと思います。まさしく水谷ははまり役です。その右京とは対極的な性格の相棒[1]の役回りが、右京の存在感をより一層際立たせて、見事な味付けをしています。

その他にも小野田公顕官房室長・警視監、大河内春樹主席監察官・警視、伊丹憲一巡査部長、米沢守鑑識・巡査部長、小料理屋「花の里」の女将など、相棒2人を取り巻く人物一人ひとりが、それぞれの役割を見事に演じています。無駄があるようでその実無駄がない巧妙に計算しつくされたドラマであると思います。

単に一介の刑事ドラマに止まらず、さまざまな方面で反響を巻き起こしています。その一例として『ドラマ「相棒」はビジネスの教科書だ！――「相棒」杉下右京に学ぶ「謎解きの発想術」』（プレジデント社）が出版されるなど、ビジネス界にも一石を投じています。

研究に携わる者にとって、『相棒』は興味をそそられるドラマではないでしょうか。右京の明晰な頭脳から生み出される奇抜な発想法、見落とさず・見逃さず・聞き逃さない注意力と鋭い観察力、抜群の記憶力、揺るぎない決断力などの卓越した能力に加えて、勤勉かつ強い責任感は、どれ一つとっても研究者に要求されている要件と符号します。右京の活躍を目にすると、自分が奥深く仕舞い込んで、未燃焼のまま眠らせている研究意欲が起爆されるに等しい大きな刺激を受けるのです。つまり柔軟な思考力、論理的なものの考え方、認識力、知覚力、洞察力、注意力、そして推理力など、研究者に求められる能力を右京は余すところなく具えた人物として描かれているのです。

「僕のやり方を思い出して、よ〜く観察してください。あるべき場所にないもの、あるはずのない場所にあるもの」――これは、右京が「ついてない女」（Season 4、第19話）の中で当時の相棒役であった亀山薫巡査部長に携帯電話で与えた遠隔指示です。これこそ右京の魅力であり、他の追随を許さない右京ならではの発想なのです。

私たちが手掛けている研究は、果たして真犯人（＝真理）を突き止めているのでしょうか。ともすれば捜査一課の伊丹巡査部長、三浦信輔巡査部長、芹沢慶二巡査部長が行っている在り来たりの捜査と同様、お座なりの考察に終始し、それに満足していることが多いのではないかと危惧します。時には結論を左右し兼ねないような証拠事例を見落としたり、型にはまった研究方法を最優先させたりするあまり、捜査線上に浮上した容疑者を誤認逮捕してしまうという過ちを犯すのと等しいような、誤った結論を導き出してしまうことはないでしょうか。

対象や職種が何であれ、真相・真理を突き止めるためには、弛《たゆ》まぬ努力、経験と実績の積み重ねによって、研究に求められる真の力を身に付け、柔軟な発想と思考力を駆使して、常に細部の検証と確認を怠らず、丹念に事例の分析と考察を行う姿勢が不可欠です。研究には「捜査に迷ったら原点に戻れ」という精神や、捜査に行き詰まった刑事が「現場百遍」を強いられるのと共通点があります。皆さんには、研究者に限らず、社会人として物事に安易な妥協をせず、純粋に真理の追究を本分とする研究心を持って欲しいのです。

水谷豊が演じる杉下右京は、我が師の菅原俊也先生（桜美林大学元教授、玉川大学元教授）を連想させます。両者には多くの共通点があるように思えてならないのです。『相棒』仕立てに言うならば、これまでの私の研究における、証拠固めや犯人を特定しようとする際の詰めの甘さ、根拠の乏しさ、不十分な裏付け捜査などを、菅原先生は鋭い洞察力、高い見識と学識、豊富な経験、すぐれた判断力によって、的確に指摘してくださり、誤った捜査方針を正してくださったことについては枚挙に遑《いとま》がありません。まさしく右京と組んで、数々の事件を熟《こな》すうちに、右京から捜査のいろはを叩き込まれ、彼の虜になって行く神戸尊の如く、先生からさまざまな教えを受けました。

右京は神戸に「こうしなさい」とは決して言わずに、「君はこうしたらよいのではないですか?」、あるいは「君はそのことに全く気付きませんでしたか?」という言い方をして、決して神戸を追い詰めたり、咎めたりするような口調ではありません。右京が親しみやすい性格であるとはお世辞にも言えません。しかし手掛けていた捜査が一段落して、神戸を誘う右京の次のセリフから、彼のほのぼのとした温かい人柄が伝わってきます。

右京「神戸君、今夜君何か予定でも?」
神戸「いえ特には」
右京「たまきさん(「花の里」の女将)からいい鱧《はも》が入ったと連絡がありました」
神戸「鱧ですか。行きますか、ちょっと、はい」
右京「そうですか?」

右京は、表面的にはそのような素振りを見せませんが、極めて思いやりのある、温かい人物であると思います。しかし仕事を最優先させるあまり、多くの人に厳しく当たり、そっけない素振りを見せますが、本当は温かい思いやりのある性格であると私は理解しています。しかし不器用な性格であるためにそのような対応ができないように思われてなりません。その温度差に引かれて、ついつい新旧の Season のドラマを繰り返し見てしまうのです。

若手研究者に期待すること

恩師の一人、慶應義塾大学名誉教授の厨川文夫《くりやがわふみお》先生（1907〜1978）が、「若い研究者は、概して目立つような研究をしたがるが、若い時にこそ地味な研究を根気強く続けることが大切である」と仰っていたことが懐かしく思い出されます。先生は英文学者・文芸評論家の厨川白村のご子息という名門の出自《しゅつじ》で、温厚な性格で、大変謙虚な人柄の方でした。しかし学問には、大変に厳しい方で、決して妥協することはありませんでした。先生は事例を丹念に検証し、それを詳細に分析するという緻密かつ手堅い研究を数多く遺しておられます。真理の追究を旨とするその強く気高い思いが、先生の研究を見事に結実させて、今なお色褪《あ》せることなく燻《いぶ》し銀の如く光を放っています。

昨今、特に若い研究者の間では、ゆったりとした研究とは程遠い、地位や職や学位を得るための熾烈な業績作りの競争が生じています。何事も確固たる基盤・基礎が備わっていてこそ、それを元手にしてさらに応用へと進化・発展させることが可能になります。それが学問の幅を広げることに繋がるのです。40年以上が経過した今日でも、厨川先生の言葉は、真理の響きを発し続けて、私の心に深く鳴り響いています。

研究のテーマが見つからない

研究の意義を実感してもらうために

私の講義やゼミを履修する学生には学期末に英語学についてのエッセイを書いて提出してもらっていました。ここでいうエッセイとは、ある特定の主題について論じる小論文のことです。大抵、提出日の2カ月くらい前に、エッセイを執筆するに当たっての要求事項を記した執筆規定を学生に配布していました。研究した結果分かったこと、新たに生じた課題などを必ず記載するように求めました。さらにその3週間後に、取り組んでいる研究の進捗状況を600字程度にまとめて報告してもらうことにしていました。

それにコメントを付して次の授業時に学生に返していました。その甲斐あって、学生の大半が頑張って決められた日にエッセイを提出してくれました。そのエッセイを読むのは大変でしたが、楽しい時間でもありました。エッセイを一つ完成させることができたという達成感を味わってもらうために、そして研究することの意義を実感してもらうために、学生にこのような課題に取り組んでもらったのです。

研究のテーマが見つからない、何を研究したら良いのか全く分からないという学生が時々研究室にやって来ました。困った学生だなあ、と思いましたが、よく考えてみますと、その困った学生は、本当に困っている学生なのです。本当に困っているからわざわざ訪ねて来てくれたのです。その学生といろいろ話しながら、まず、その学生のことを理解するように努めました。

今どのようなことに興味をもっているのか？　英語のどのようなことに興味を覚えているのか？　英語のどのようなことがよく分からないと思っているのか？　英語のどのようなことがよく分からないと思っていることがないか、などを尋ねることで、その学生が熱心に取り組めそうなテーマのヒントを与えるようにしました。学生がヒントを胸に研究室を去る時に、必ず「またいらっしゃいね」と言って送り出していました。それはその学生の困ったという顔ではなく、次に会う時には笑顔が見たかったからです。

研究に取り組む姿勢

一般に、研究など自分にはまったく無関係なものだと考える人が多いようです。そのように考えることは理解できない訳ではありません。しかし仮に研究という言葉を使わないまでも、ある事柄についてより詳しく、より深く知りたいと思って、辞書や百科事典、思い当たる種々の資料などを調べてみたり、そのことに詳しい人に話を聞いてみたりすることも、実は研究の第一歩となる行為です。さらにその作業を根気強く繰り返し行い、時間を掛けながら考え、思い付いた事を小さく整理して、まとめてみる、そのような作業を積み重ねることで研究に一段と近づくことができるのです。

考えに考えを重ねて、得られた情報を結論として導き出すためには、一定の経験と訓練をすることが望まれます。研究を進めるためには、研究者がこれまでに築いてきた一定の形があります。それを身に付けるためには、人が書いた論文や報告書を自ら読んでみることを奨励します。ある対象にどのように迫ろうとしているのか、それを知るためには、一つのテーマに対して、どのような観点からアプローチしているのか、それを知るために論文ではどのような章立てや節が設けられているのか、その研究のためにどのような文献や資料を用いているのか、そのような問題意識を持ちながら、細かな点について確認し、検討してみるという作業によってヒントが得られるのではないでしょうか。

勇気をもって第一歩を踏み出してみることが大切ですね。そういう私も駆け出しの頃に手掛けた論文は、決して満足できる内容ではありません。しかしその時期に研究を手掛け、定期的に論文を書き続けていたからこそ、その当時の論文に飽き足りないと感じられるのだと思っています。人は最初からすべて満足の行くような、失敗のないような仕事は成し得ないものです。むしろ私たちは失敗から多くのことを学び取っているものと考えます。同じような失敗は決して繰り返さないように心掛けることによって、成長して行くのではないでしょうか。大学生や新入社員の時には、結果を恐れることなく、勇気を振り絞って、自分の可能性にチャレンジして欲しいのです。

失敗や迷いは若さの特権であると考えて欲しいのです。

大学での能動的な学びの経験を通して研究心が育まれるものと思います。身の回りの物事を決して当たり前のことだと考えて、安易に受け流すのではなく、それを自分の観点から捕えようとする試みによって、違った世界が眼前に広がると思われます。私たちは問題意識を持ちながら生活することが大切です。

研究は研究者のみのものにあらず

私は、様々なことについて詳しく知ろう、深く考えてみようと、日頃から心掛けています。そのため周囲のことが目に留まったり、気になったりします。その習慣は恐らく英語学の研究を続けてきたことが影響しているものと考えています。その甲斐があって、いつも取り組みたい研究のテーマが2ないし3は有ります。仮にその中の一つを研究している最中にも、別のテーマを思い付くことが往々にしてあります。新しいテーマが見つかると、その時に手掛けている研究を中断させて、新しいテーマについての研究を始めたくなるようなこともあります。

時には複数のテーマを同時に並行して研究することもあります。しかし新たに浮上したテーマについては、忘れないうちにきちんと文章に書き留めておいて、その時に取り組んでいる研究が一段落したらその次に手掛ける研究テーマとしてストックしておくようにすることが多いのです。まさしく「二兎を追う者は一兎をも得ず」です。

一人の人間が抱く興味は概して狭く、限定的なものであると思います。研究にはそれを行う人の個性や特性が必ず反映されると思います。同じテーマの研究を複数の人が手掛けても、それぞれ異なる成果が上げられるのもそのためです。

研究は、必ずしも研究することを職業とする人のみが行うというものではありません。どのような仕事に携わっている人であっても、自分が関わっている仕事の質を向上させよう、精度を高めようと考える人であれば、そのために創意工夫を凝らすものと思います。その創意工夫こそが研究にも繋がるのです。詳しく調べ、深く考えることが研究なのですから。研究は皆のためにあるのです。

人に教えるのに必要なこと

常に新しい情報を手に入れる

「教える立場の者は、常に学びと研究を続けていなければならない」――これは恩師である菅原俊也先生の教えの一つです。先生はその言葉通りの現役生活を送られて、定年退職された後にも日々勉強と研究を欠かさずに続けておられます。

人にものを教えるためには、教えるべき高度の専門的知識を持ち合わせていることが必要であることは取り立てて言うまでもないことですが、社会や世界が目まぐるしく変化する現代にあっては、教師は最新の情報を手に入れるように努めると共に、自らも日々切磋琢磨することを怠ってはならないのです。一度《ひとたび》手に入れた知識も時間が経つにつれて、その内容は陳腐なものになり、時間という溶剤によって薄められてしまうものです。一旦立ち止まってしまうと、再度始動するためにはより一層大きな力が必要になります。そのため止まらないように心掛けることによって、意識も知識も生きた状態で持続することが可能になります。

パスカルが「人間は考える葦である(2)」と言っているように、ものを考えなくなってしまった葦はもはや人間ではなくなってしまうのです。黄ばんだノートを十年一日のごとく教壇でおもむろに開いて講義をしている老教授がいたと耳にしたことがありましたが、そのような時代は遠く過ぎ去ったものと信じたいのです。時間が経つに連れて全ての物事の風化が進むのです。

科学は日進月歩で目覚ましい進歩を遂げています。人文科学であっても、社会科学であっても事情は同様です。昨日の自分と今日の自分は明らかに別人でありたいものです。そして明日の自分がどのように生きるか、どのような時間の過ごし方をするのか、それは昨日の自分と今日の自分の生活態度によって決まります。そのためには、今日の自分が充実した時間を過ごせるような生き方をしなければならないのです。

人間性を磨く努力

すべての人に分け隔てなく1日24時間が与えられています。その時間を如何に豊かで、充実したものにするか、そのためには、私たちは、個々人の経験に基づいて築き上げた人生観や世界観、つまり哲学を持つべきだと思うのです。

教えることは、ただ単に情報や知識のみを伝えることに止まらず、教師の人間性をも同時に伝えることになるのです。同じような内容のことを別の教師から教わっても、全く同じものになるという訳ではありません。ある教師から教わったことは、その教師の人柄や持ち味までが生徒や学生に伝授されることになるのです。学問を積むこと、豊かな知識を蓄えるということは、同時にその人の人間性をも向上させることでもあるのです。広い世界を知るということは、その広い世界に対応するような広い世界を内に秘めた人間になる必要があるのです。長年に亘って学問を続けている人や一つのことに執念を燃やして、その道を究めた多くの人は、自分に厳しいながらも人に優しい人が多いように感じます。温かな人柄の人から教えを受けた学生には、その心の温かさも同時に十分伝わっているのではないでしょうか。

常に学問探求に身を置いている人は、決して物事を断定しないという傾向があると思います。学問研究で手にした成果は、仮説にしか過ぎないということを自覚しているからだと思います。「生兵法《なまびょうほう》は大怪我のもと」と言われますが、「なまはんかな知識を持つものが、それを自負して大失敗をすること」（日本国語大辞典）の譬えです。その意識を持っていることは、知識人にとって極めて大切なことであると思います。学問を積むことは、「知ったか振り」をしないようになるための近道であると思うのです。本当は知らないのに、さも知っているかのような振りをする人を見掛けることがありますが、学問を積んで知的な組織の枠組みをきちんと身に付けていますと、軽率な発言や意見を述べるようなことはしなくなるものです。剥がれやすいメッキを好むのか、いぶし銀のような人でありたいのか、それを決めるのは私たち一人ひとりの意識次第です。

人は学問を修めることによって、変わることのない正しい道理や真理、物事の本質を見極め、真の己を知り、自分が置かれている世界を的確に認識できるようになります。そのため真摯に学問や技芸を修めた人は、人生を達観する域に達するのです。そのような人は、概して人への対応の仕方が丁寧で、謙虚です。良く実がついた稲穂がその重みで頭《こうべ》を垂れてお辞儀するように、本当に偉い人ほど頭が低いものであることから、「実るほど頭の下がる稲穂かな」という譬えの通りです。学問に身を置くということは、正しくそのような人としての価値を手にするということではないでしょうか。

第3章

読書を通して自分を鍛える

読書から得るもの

読むことについて

「読む」という動詞は、「書かれている文字の音を声に出す」という基本的な意味で用いられます。さらに「文章など書かれた文字をたどって見ていく、また、文章・書物などを見て、そこに書かれている意味や内容を理解する」（日本国語大辞典）という意味でも用いられます。つまり読むとは、書かれている意味や内容を理解するという知的な行為なのです。つまり声を出して文字を読むということは、聞き手に情報を伝えるという伝達行為にあたります。声を出して読み上げるということには、読み手自身がその内容を理解していることが前提となります。読み手がそこに書かれている内容を十分理解した上で、意味を成す区切り方をして読み上げない限り、それを聞く人たちは正しく意味を理解することができない可能性があります。

昨今、声を出して文章を読む「音読」が推奨されていますが、自分で声を発して読むということは、同時に自分の声を自身の聴覚器官で確認するということによって、より一層理解が深まることになります。声帯を振動させて発せられる音声は、読み手が自ら直接に刺激を受けることになりますから、読んでいる内容について、臨場感が感じられ、記憶にも残りやすいものと考えられます。

それとは対照的な読み方が「黙読」です。声に出さずに目だけで読んで行くことから、目読とも称されます。黙読は、目で文字情報を拾って行く読み方ですから、声を出さないその分だけ、速く読むこともできますし、文章の意味を十分熟慮しながらじっくりと時間を掛けて読むという熟読も可能です。黙読は、自分の好きなペースで読むことができ、内容を把握し、意味を摑むために何度でも読み返すことが可能な読み方です。また図書館のような静かな場所や電車内などの近くに人が居合わせるような所では黙読が大変有効な読み方になります。時には、黙読は「卒読」とも言われることから急いでざっと読むことも可能です。

本を読む速さは人それぞれですが、書かれている内容についてすでに知識があるような場合には、飛ばし読みをしても一定の内容を理解することができると思われます。しかし私たちがすでに知っていることについて時間を掛けてまでも読もうとするのには、それなりの目的があるものと思います。つまりすでに知識があるのであれば、敢えて時間を掛けて読む必要はないのですが、特に専門性の高い内容については、必ずしもすべてを知っているという訳ではありませんので、知識をより一層深めようとする目的、あるいは新しい情報を手に入れようとするために読むことが多いように思われます。一つのことについて論じたり、考察したりしようとすると、必ず別の観点や切り口があるはずですから、新しい気付きや発見を求めて本や論文を読むのです。

読むという行為は、読みながら考え、考えながら読むという繰り返しになります。「読む」は、「考える」、「知る」ということと深く関わっています。それは情報を「読み取ってその情報の真の意味を考える、そして知る」という思考経路で繋がっているものと考えられます。「考える」との関連性は「（囲碁や将棋などで）先々の手を考える」というような使い方として具体化されています。「知る」との関連性は「表面上現れていない隠された意味や意図を知る」、例えば、「相手の心を読む」というような使い方がその例になります。

読解力を高める

学習においても、仕事においても、読解力をつけておくことが極めて大切です。文章を読んでも、読解力が弱ければ、その意味や内容を的確に解釈し、理解することができません。時には誤った解釈や理解をしてしまうことが起こり得るのです。読解力は決して、本を読むときだけに限られるものではありません。人の話を聴いたり、講義や講演を聴いたりするような場合にも、読解力の有無によって理解の度合いが異なります。

短時間のうちに読解力を強化することは困難です。日頃から文章をしっかりと読む習慣を持つことが大切です。読解力は決して国語の教科のみに必要な力ではありません。数学や物理などのあらゆる授業においても、内容をきちんと把握するためには、読解力が大きく関わってきます。数学の文章題を解こうとする際には、数学に関する十分な知識を身に付けておくことが必要であることは言うまでもありませんが、その問題文の意味をどれだけ正確に解釈し、理解できるかが鍵をにぎります。

一見して関係がないように考えられがちですが、外国語学習においても、母語の日本語についてきちんと学習して、読解力を身に付けておくことが要求されます。外国語を学ぶ際にも思考する力が必要になります。その力を強化するためには、たくさん本を読んで、読解力を身に付けることが求められるのです。外国語の上達が早い人は、日本語の能力も高いことが多いのです。

読解力を高めるためには、多読することが最も有効です。一定の読解力を身に付けようとするのに、決してなだらかな近道はありません。さまざまな本をたくさん読むように心掛けて、それを持続することが大切です。たくさん本を読む習慣を身に付けることは、同時に言語についても意識なり注意が向けられるということになります。私たちは言葉でものを考え、言葉であらゆることを認識しているのです。

読書の大切さ

恐らく皆さんは、たくさんの本をこれまで読んでこられたものと思います。清水幾太郎《いくたろう》は、本を実用書、娯楽書、教養書の3種類に分類しています。しかしすべての本がこの3つのいずれかに明確に分類されるという訳ではなく、一般に実用書に分類されるような本であっても、読者にとって、読んでその内容が教養書に匹敵するほど役に立ったとすれば、その人にとっては実用書ではなく、教養書となるのです。清水（1976）によれば、実用書は「生活が強制する本」、娯楽書は「生活から連れ出す本」、教養書は「生活を高める本」のような分類をしています。清水（1976）は「一般に言って、実用書および娯楽書については、本の読み方とか、読書の方法とかいう問題は成り立たないものである。実用書は、読まねばならなくなったら、読むよりほかに道はない。娯楽書は、読みたくなったら、読めばよいのである。」（p. 50）と記し、自分を高めようとする人間は「教養書」を読むべきだと説いています。

私は、すでに分かっていると思っている言葉についても、その意味をできるだけ辞書で確認するようにしています。それは言語学の研究に長年携わってきたことと、深い関わりがあります。そのような習慣から「読書」という言葉を、改めて『新明解国語辞典』で確認してみました。そこには「〔研究調査や受験勉強の時などと違って〕一時《いっとき》現実の世界を離れ、精神を未知の世界に遊ばせたり人生観を確固不動のものたらしめたりするために、〔時間の束縛を受けること無く〕本を読むこと。〔寝ころがって漫画本を見たり電車の中で週刊誌を読んだりすることは、本来の読書には含まれない〕」と記されています。

つまり読書とは、自分が現実に生きている世界や社会を客観的に把握し直して、本来あるべきはずの自分を見出し、創り出すための大切な知的行為ということではないでしょうか。清水は、フランスの思想家のモンテーニュの「書物について」（『エセー』第2巻）の中に「自分が本を読むのは、立派に死に、立派に生きることを教えてくれるような知識が得たいからだ。」（清水

1976．p. 53）と記されている一節を紹介しています。モンテーニュはこの世に生を受けた人間は未熟であり、未完成の存在であるため、一人ひとりが自らを高め、完成に近づける努力が必要であると説いているように思われます。自分を高めようと考える人には、生活を高めるために著された教養書を積極的に読むことによって、自己改良を図り、自己成長を実感して欲しいのです。

読書を通して得た知識を自らの生き方に生かし、反映させることこそが読書の真価です。

読書のための時間を作る

読書量が増えるにつれて、読解力や思考力も増します。読書を通して身に付けた知識は、自らの世界や視野を広げてくれます。また、本を読むことで表現力をも磨くことができます。年齢や目的に応じた読書法があると思います。価値観や個性を形成し、社会の仕組みを理解し、今後の人生設計について真剣に考えて欲しい年齢層にある大学生や若者には、たくさん本を読んで高い教養を身に付けていただきたいと思います。もちろん読書に年齢制限はありませんから何歳になっても本に愛着を感じて欲しいのです。

さまざまな情報が容易く得られる時代にあっても、仮に短時間でも、本の森を必ず散策することを日課にしてみてください。継続的な読書という森林浴を行うことによって精神面での健康体を維持することが期待できるのです。読書の価値について再認識し、本を身近な友としていつ何時でも近くに置いて、親しい友と対話をするように、本との対話を楽しんでください。

20歳前後の大学生には、この世に生を享けたからには、自分がどのような人生を歩みたいのか、世のため人のためにどのような貢献をすべきか、そのことを真剣に考えて欲しいのです。そのためには日々の生活の中にきちんと読書のための時間を確保し、そこから培った広い教養と豊かな知識を身に付けておくことが強く望まれます。しかし人の一生の中で最も本に親しんで欲しい大学生の読書時間が近年顕著に減少していると報じられています。全国大学生活協同組合連合会が2021年に行った「学生生活実態調査」（全国大学生協連HPより）によれば、1日の読書時間（電子書籍も含む）が「0分」と答えた学生は50・5%に上り、大学生の2人に1人が全く「読書をしない」というのです。大きな衝撃を受けました。

本だけが情報を提供し、知識を増やすための手段ではありませんが、大学生の時に可能な限り多種多量の本と真摯に向き合い、知的な格闘を経験することは、彼らのその後の人生に必ずや良い結果をもたらすものと信じています。

その一方で、将来の大学生予備軍となる小中学生の間で、2022年5月の平均読書冊数が増えて、30年前に比べ倍増になっているという報道がありました（『読売新聞』2022年10月28日）。全国学校図書館協議会による「学校読書調査」では、小学4年生から高校3年生の5月の1カ月間での平均読書冊数が、小学生（4〜6年）は13・2冊（6・5冊）、中学生は4・7冊（2・1冊）という結果になりました。この冊数は、30年前（カッコ内の数値）に比べて倍増したことになります。この現象は、各地の小学校で広まる「朝読書」など日々の地道な活動の成果であるとの見解が付されています。しかし学年が上がるにつれて冊数は減少傾向にあって、特に小学校から中学に上がる段階で落ち込みが大きくなって、小学6年生の女子10・2冊、男子10・5冊だったのが、中学1年生では女子6・7冊、男子5・6冊となると報じられています。

この結果について、全国学校図書館協議会の磯部延之調査部長は「新聞を購読しない家庭が増えたほか、中学からは朝読書の時間が取りづらくなっており、生活全般で活字に接する機会が減っている」（同紙）と分析しています。なお小学生が全員本を読んでいるとは限りません。女子よりも男子の生徒の方が読書しない割合が高いのです。1カ月に1冊も読まない割合は、男子の場合、小学6年生の10・4％から中学3年生で31％、高校3年生で68・5％と学年とともに増加する傾向があります。子どもが短い文章しか読まず、長い物語や文章に慣れていないことも背景にあるとみられる、と論じられています。記事の最後に、磯部部長が、「小学校時代に読書の面白さや喜び、価値を教えてほしい。教員が本を読んでいる姿を見せることが大切だ」（同紙）と説いていますが、共感を覚えます。

読書によって学ぶ表現技法

本を読むということは、そこに印刷されている文字列から、読者が知りたいと思うこと、それまで考えてもみなかったようなことと遭遇することです。本を読むと一概に言っても、一体どのような本をどのような目的で読むのか、それによって情報媒体としての本に対する接し方が異なります。余暇を楽しむために小説を読もうとする人は、その筋書き、登場人物と社会との関わりや登場人物の人間模様などを読み解くものと思います。

一方、仕事に必要な情報を得ようとする人や自らの教養を高めたいと考える人は、自ずとそれに関連する本を選ぶでしょう。そのような人の本の読み方は、楽しむというよりも、むしろそこに書かれている事柄の中から宝探しをするかのような読み方をすることでしょう。

読書の第一の目的は、本から情報を得ること、そこに書かれている内容を楽しむということだと思います。読書とは、確かに第一義的にはそこに書かれていることを読んで理解する、情報を収集するという受動的な行為です。しかしそれだけで終わってしまっては勿体ないではありませんか。もし読んでいて、自分には到底書けそうもないような表現や文章に出会ったならば、その言い回しが自分でも使えるようにするためにこまめにメモを取り、それを書き溜めておいて、実際に使ってみると良いでしょう。読書から得た様々な情報を自分の仕事や生活に生かそうとすることも読書によってもたらされる大きな恩恵ですが、自らの実生活に十分生かせるような言語表現の技術を読書を通して手に入れることはさらに大切なことではないでしょうか。

パリのルーブル美術館を訪れたことがありました。その時、モナ・リザを必死に模写している画家の卵と思しき若者の姿を目にしました。名画を模写することで絵を描くための技巧を身に付けようとしているのだと思いつつ、しばらくその脇に立って様子を見ていました。その時に言語の学習にも模写が応用できるのではないかとふと思い付いたのです。多くの著書や論文を読んで、そこから情報を単に得ることだけに止まらず、どのような表現や言葉遣いで情報を組み立てているのか、それを知ることも大切なことであると考えるようになりました。

学生時代には、現在のように容易く文献を複写できるような機器が普及していませんでした。そのため図書館で本や雑誌から必要な箇所をノートに書き写していました。昨今のように必要なページをまとめてコピーするのとは違って、必要最小限の文章を書き写したり、読みながら要点を頭の中で整理して、それをノートに書き留めたりすることをしていました。時間を掛けて行っていたその書き写しの作業は、決して無駄なことではなく、大変勉強になっていたと思います。その作業を通して英語の構造や表現について学ぶこともできました。専門的な事項について学ぶことはもとより、それらがどのように書き表されているのか、そのことも同時に学ぶことができました。それはルーブルで見掛けた画家が行っていた模写と共通するように思われます。中学生の時にテキストの英文を暗記するように指導されたことと目指す目的はほとんど同じことであると思います。

本を読んで欲しいが、読書嫌いを無くしたい

多くの学校で読書の習慣を身に付けさせようとする取り組みがされていると聞きます。朝の授業開始前に学級ごとに朝読書の時間を設けている小学校が増えているそうです。子どもたちが読

みたい本を思い思いに持ち寄って、それを10分か15分間一斉に読んでいるそうです。大変意味のある教育活動であると思います。各生徒が好きな本を持ち寄って、それを読むところに意味があるのです。もし指定された本や学校から与えられた本を読むのであれば、「読む」という行為ではなく、「読まされる」という押し付けになってしまうからです。読書が楽しいものだと感じさせるためには、積極的な読書の機会を子どもの頃から経験させることが大切です。子どもは楽しいと感じたことは、自分から進んでしようとするものなのです。

小学校の時に、夏休みに読後感想文の宿題が出されました。私が小学生であった時には、上記のような読書活動はされていませんでした。学校によっては課題図書が指定された所もあったものと思われますが、私が通った学校では、本の指定はされませんでした。そのため読後感想文を書く前にしなければならなかったことは、先ず何を読むのかを決めなければなりません、つまり「読前」の思案に暮れることで多くの日数が過ぎました。電車に乗って書店へ行って、いろいろな本を見て、何を読もうかと悩んだのですが、その段階でいろいろと考えたことは決して無駄にはなりませんでした。与えられる本を読むのとは、全く違った新鮮さが感じられたのです。

いざ読む本が決まって、本を読む段になりますと、読みながらどのような感想文の内容にしようかなどと、いろいろ考えながら読んでいると、時には本から興味が遠のいてしまったことが懐かしく思い出されます。つまり感想文を書くために本を読まなければならないという義務感が先走ってしまうのです。読後感想文を書かなければならない、そのために本を読まなければならない。そのような本末転倒の宿題になってしまっていたのです。

本を読む機会を子どもに与えるための宿題であったと考えますが、むしろ本嫌いを生み出すような試みになってしまっていたようにも思われます。その上、読後感想文を何百字で書きなさいという文字数が決められていますから、その文字数にするために、原稿用紙のマス目を埋めなければならないという面倒な作業が最後まで付いて回るのです。そのため読書が嫌いになった人が相当数いたものと思います。現在でもそのために読後感想文の宿題は、子どもたちの活字離れを助長しているのではないかと気になっています。ともすれば「本を読みなさい」と言う大人が多いのではないかと想像しますが、子どもは人から、特に自分の親から強要されると、それに反発して、逆に嫌いになってしまうのではないでしょうか。むしろ口うるさく本を読みなさいと言うよりも、子どもが進んで読書したいと思えるような家庭内環境を作ることの方が、読書好きの子どもにするための最も有効なことではないでしょうか。

この話の最後に、それでは読後感想文を書くためには、どのようなことを書いたら良いのか、そのことに触れてみようと思います。読後感想文は決して小学生だけのものではありません。職場にあっても、さまざまな書類を作成することが求められることもあるでしょう。あるいは自分の考えやアイディアなどを人前でプレゼンテーションするような機会にも応用ができるものと思われます。

劇作家の三谷幸喜は、読後感想文について次のように述べています。

あらすじなんか書かなくていいのである。……その本を読んでどう思ったか、そんなことを書く必要はない。……読む前と読んだ後と、自分がどんな風に変わったか。もしくは変わらなかったか。それを書けばいい。そのために必要であれば、あらすじも書けばいい。(「読書感想文の書き方指南」『朝日新聞』2022年8月18日)

本を読んで、自分が思ったこと、心に感じたこと、そこから何を知ることができたのか、それをどのように自分に取り込んで生かそうと思ったのか、自分がその本をどのように受け止めることができたのか、あくまでも自分を主体とした意見を表明し、そこに書くことが読後感想文に期待されることなのです。小学生の頃から、読書などを通して受ける外部刺激を自分自身がどのように受け止め、どのように考えるのか、そのような自己形成に関わる訓練をしておくことで、それが大人になってから真価を発揮するものと思います。

人に読んでもらうために書く文章には、必ず自分が考えたこと、気付いたことを率直に記すことに意義があるのです。読んでくれる人が心を打たれるようなことが含まれていなければ、それを書く意味がないのです。読書も文章を書くことも、それに慣れてくると楽しいものとなります。何事も自分が楽しいと思えるようなことは、そこから得られる収穫もより一層大きなものとなります。三谷は、また「書きたくないのに無理やり書いた文章は、誰の心も動かすことがない」

（同紙）とも述べています。

読書三到

桜美林大学のキャンパスの建物には、中国の四字熟語や故事や名句から採られた名前が付けられています。図書館は「三到図書館《さんとう》」と名付けられていますが、この名前は図書館に最も相応しい、素晴らしい名前であると思います。

「三到」とは、中国の宋の時代の朱子学の大成者であり、思想家であった朱熹《しゅき》（１１３０～１２００）の『訓学斎規《くんがくさいき》』に記されている「読書三到《どくしょさんとう》」が出典になっています。「読書三到」とは、読書についての大切な三つの心得のことで、『広辞苑』には「読書の法は心到・眼到・口到にあるということ。すなわち、本を読むときは心・眼・口をその本に集中して、熟読すれば内容がよくわかることをいう」、つまり「心を集中させて読むこと、目でよく見ること、声を出して読むこと」ということになります。

この３つの「到」は、読書に対する基本的な姿勢を説いたものです。本を読むという行為は、身体的な運動は伴いませんが、精神のレベルにおいて活発に働いています。その点では、精神面での運動であると言えるのです。その行為には、集中力、注視、聴覚での確認作業が不可欠となります。口到については、声を発して読むことは、自分の声を聴覚器官で確認する作業を通じて、その内容について理解を確かなものにするという作業に相当するのです。

読書と私

今日まで私は3種類の本を並行して読むようにしてきました。それは（1）学生に教えるために必要な情報を得るための本、（2）自分の専門とする英語学に関連する本、そして（3）自分が好きな本です。

私は、長年に亘って、同じ講義を担当しても、毎回全く同じ内容の講義はしないという方針のもとに教壇に立ってきました。そのためには絶えず新しい情報を収集していることが必要ですから、そのための読書が（1）に相当するものです。学生たちが、あの授業を受けると毎回新しいことが学べるので楽しい、「知る」ことの大切さと喜びが感じられるようになった、そのように思ってもらえるような講義にしたいと考えながら、学生の指導を行ってきました。そのためにいつも授業に役立てようとするための本を手に入れて、それを読むように心掛けていました。

学生に教える際には、教えるべき内容の精査と再確認を十分行って、教えようとする内容が学生たちにより一層理解し易いように教えることが大切です。人に教えるためには、人の説を受け売りするように、ただ単に右のものを左に移動させるような授業をしているのであれば、それは学生に大変失礼なことです。教師が「教えるプロ」であるならば、学生は「教わるプロ」だと考えているのです。教わるプロに手抜きをするようでは、教えるプロとして十分な仕事をしていないことになってしまうのです。そのためにも教えるプロは、いつ何時でも新しい情報や知識を収集する高性能のアンテナを張り巡らせている必要があるのです。

むずかしいことをやさしく、やさしいことをふかく、ふかいことをおもしろく、おもしろいことをまじめに、まじめなことをゆかいに、ゆかいなことをいっそうゆかいに

これは作家・井上ひさしの言葉です。人にものを教える際にまず心すべきことは、「むずかしいことをやさしく」説明するのは、決して簡単ではないということです。難しい学問内容を難しいまま教えてしまいますと、学生は到底理解することができないことでしょう。易しくかみ砕いて話すためには、相当その事象について知りつくしていなければなりません。「やさしいことをふかく、ふかいことをおもしろく」説明することも容易いことではありません。易しいこととは、本当は易しいことではないのです。ただ易しいと思い込んでいるだけなのです。実は、その表面的な易しさは、奥が深いのです。その奥の深さを学生に実感させることも大切な教育なのです。「おもしろいことをまじめに、まじめなことをゆかいに」における「おもしろいこと」を「滑稽なこと」と解釈せずに、私は「興味深く感じること」と理解したいのです。学生が最初は難しいと考えていたことでも、筋道を立てて説明されると、理解が深まって、面白く感じられるようになると思います。私の経験では、面白いと思えるようになれば学生は率先して勉強に取り組むようになるのです。そのような学生を輩出するためにも（1）の類の本をたくさん読むことが教師

にとって必須となります。井上の前出の言葉はまさしく的を射たものです。

人に教えるためには、常に自らも学んでいなければならない、そのような信念を持っています。中身が濃い教育をするためには、日頃の研究を怠ってはなりません。常に専門の知識を増やすための努力が欠かせません。自らの研究を支えている確固たる基盤の強化を図る必要があります。そのためには専門に関する本や論文をより多く読むことに加えて、その専門と関連する周辺的な情報や知識を修得しておくことが大切なことです。そのために（2）の本を読むように心掛けています。

より良い仕事をするためには、人は定期的に気分転換やリラックスする時間を持つことも大切なことです。そのためにはできるだけ映画や好きなテレビ番組を見るようにしています。何をしていても研究者根性が抜けないため、テレビを見ていて何か役に立ちそうな情報が流れますとメモを取ることもしています。私は自分が楽しむための読書にもできるだけ時間を割くようにしています。（3）に含まれる本としては、推理小説が好きですから、床に就いてから読む本の大半は推理小説です。睡眠薬代わりに好きな本を読んでいますと、つい小説に引き込まれてしまって、寝不足になってしまうこともあります。しかしこの種の読書は、娯楽であり、自分の精神の手入れにもなると考えています。

近年、作家、芸術家、職人、学者などの仕事への取り組みや生き方にも興味を持つようになって、その類の本も読む機会が増えました。自分の人生をより豊かなものに変えたいと考えるからです。それぞれの道で一流と評される人は、精神を鍛え、学問や技芸などを磨くために人知れぬ努力や修業を重ねてきた結果として第一等の地位を手にしたのです。その燃えるような情熱と真摯な人生修業の様子を知ることによって、豊かに生きるための知恵を得ることができるのです。

本を師として友として

読書は著者と読者との対話

人は自分が知らないことに興味を抱いたり、関心を向けたりします。知らないことを知ろうとするためには、それ相当の工夫と努力が必要です。その未知の真相を突き詰めるためには、より良い手段や方法を見つけ出すことが必要となります。そのような手段や方法を見出すためには、それを可能にするための基本的な知識や考える力が求められます。そのような知識や考える力は、学びによって身に付けられるものです。

一般に体系的な学びは、学校教育の中で体得されます。しかし必ずしも人から教わらなくても、自ら進んで学ぶことが可能です。その学びは学校で教科書を通じて教わって身に付けたことを基盤として、さらに自らその基盤の上に新しく知識や情報を上積みすることで、様々なことが理解できるようになり、知識が一層豊かになります。

確かに人から教わることは、ある到達点に達するための近道になります。しかしすべてのことが人から教わらなければ決して身に付かないというものではありません。知りたいことがあればそれを知るために、不可解なことがあれば納得ができる答えを見出すために、可能な限りの試みをして、知恵を絞って、欠けていると思い当たることがあれば、それを学んで身に付けようとするような根気と強い探究心を持つことが最も大事なことです。

読書とは、読者が著者と時空を超えて対話ないし交信することです。本に書かれていることは、すでに著者が過去に経験済みのことですが、読者がそれまで経験したことがないような事象について、著者が書いた文章を通して疑似体験したり、そこで得た情報について更に深く考えるためのヒントを受け取ったりすることです。そこに書かれている事柄の多くは、読者自身が実際に経験したことがないようなものでしょうから、それは未知の世界の出来事になります。著者にとっての過去の出来事が、読者にとっては未来に匹敵するような出来事であると言えます。未来とは、まだ到来していない、誰も経験していない時のことで、それは現在の延長線上にあります。英語で、未来のことが現在形で表現されるのも頷けます。

本から得た情報の活用

教える側の教師にとっても、教わる側の学生や生徒にとっても、常に知識を豊かにし、自らの人間的価値を高めるためには、常に学び続けようとする強い意欲を持って、それを実行することが望まれます。学校で教師から直に教わることによって、自分を高めようとすることが一般的ですが、読書から得られる情報も極めて貴重です。

昨今、電子書籍が普及して、確かに利便性が高いことは事実です。しかし私のように昔ながらの読書習慣を頑なに保持している者にとっては、どうしても電子書籍には馴染めません。読書は紙の本に限ります。紙の本は、それを読みながら、手触りを楽しむ質感（触覚）、紙とインクの香り（嗅覚、古本はそれ独特の香りがします）、文字列と紙のコントラスト（視覚）、そして本そのものの存在感（＝重さ）を感じることができます。自分の本であれば、空欄に書き込みをしたり、付箋を貼ったり、必要なところに線を引いたり、マーキングすることもできます。手元にあれば、何度でも、いつでも好きな時に読み返すことが自由にできるのです。

本に慣れる、つまり読書習慣を持つことによって、読む速度も増すことになり、読解力も徐々に高まってくることが期待できるのです。それは日本語で書かれた本であっても、英語で書かれた本であっても同じです。読書量が増えることによって知識が増すと、文章を読んでいてもそこに書かれている内容を予測しながら読むことができますし、ある程度の飛ばし読みも可能になります。必ずしも速読のための特別な訓練を受けたことがない人でも、豊富な知識を持っている人であれば、読む速度は速くなるものと思います。著者の文体や表現手法に慣れるにつれて比較的読み易くなります。ただ単に本を読んで、そこに書かれている事柄を知るということに止まらず、そこで出会った文章や表現を自分でも使えるようにすることも、読書から得られる大切な学びの一つであると思います。

本を読んだら、その本について人に話してみることが大切だと思います。考えながら話し、話しながら考える、そして考えをまとめようとする脳の活動が伴います。それは知的な行為そのものになります。その上、聞き手の反応も刺激となります。話すことによって、自分の本の読み方を客観視することも大切な読書行為です。

本を読んで大切だと思う箇所や気に入った表現、気になった言い回しなどはノートに書き取るようにしています。コンピュータに頼って、日頃から文章を手で書き慣れていませんと、次第に正しい漢字が思い出せなくなってしまったり、書けなくなってしまったりして、いざ書こうとすると、漢字がこんな感じ（漢字）のはずだったとあやふやになってしまいます。便利さは人を退化させるのです。漢字をできるだけ忘れないようにするために、この段階では必ずノートに手書きするようにしています。しばらくしてからそれを読み返してみて、その時点で後に残しておこうと思う箇所については、Ｗｏｒｄに記録し保管するようにしています。その時には漢字変換に誤りがないか十分に注意を払うようにしています。英語の文章についてもほぼ同様の作業をしていますが、日本語と比べて、英文の場合、コンピュータのキーボードを打つ際に、綴りの1文字1文字を意識して確認しながら打つようにしているため、比較的綴りは忘れないで済みます。打ち終わった文章は必ずスペル・チェックをするように心掛けています。

一度コンピュータに記録しておくと、必要な時にそれを取り出して引用することが可能になります。つまり本から得られた情報を決して無駄にしないということです。第1段階で、手で書き写すのにはそれなりに時間が必要になりますから、そのようなことに手間を掛けるのは時間の無駄ではないかと思われるかも知れませんが、それは決して無駄な時間ではなく、書き写しながら考え、考えながら書き写すという大変有意義な知的な時間です。一旦Ｗｏｒｄに記録した情報は、その検索機能を利用すると容易に取り出して必要な箇所を活用することができるので大変重宝です。

本によって開かれる世界

本と出会うことは、人との出会いと同じように、人から紹介される、自分から求めるなど、様々な機会や方法を利用して実現されます。人から紹介される本との出会いは、「あの本は面白かった」などと直に紹介されたり、書評で取り上げられていたり、新刊本の広告などから知ることができます。しばらく前の話になりますが、私はＮＨＫ-ＢＳで放送されていた『週刊ブックレビュー』（児玉清が司会を務めた）を毎週楽しみに見ていました。そこで取り上げられた本についての解説が大変役に立ちました。また、論文や学術書などには引用文献や参考文献が記載されていますので、それを手掛かりとして芋づる式に検索することが可能になります。

一方、書店の書棚や図書館の書架に並べられている本の中から気に入った本を見つけ出すことは前触れ無しの偶然の出会いということになります。私は、その偶然の出会いを求めて、時間さえあれば書店に足を運ぶようにしています。背表紙に印刷されている書名を目にして、自分が引き付けられると、その本を手に取ってみますが、その本の両脇に並べられている本も必ず手に取ってみることを心掛けています。その一手間によって、自分の中に新しい世界が広がる可能性があるのです。私が進んで手にする本の多くは、語学書や人文科学の分野のものですが、両脇に置かれている本は、社会科学や自然科学、時には実用書であったり、娯楽書の類のものであったりもします。近年、学問研究が学際的になっていますので、あらゆる分野や領域についての知識をより多く持っていることが望ましいのです。そのためにも幅広い種類の本を読むことが求められています。

本を読むことで、自分では一度も経験ないし遭遇したことのないような出来事や、訪れたことがないような場所や世界について知ることができます。ともすれば実用書が持てはやされて、小説が敬遠されるような傾向が見受けられますが、小説を読むことで読者の感性が磨かれ、言語感覚が研ぎ澄まされる、そのような効果が期待できると思います。小説を読みながら、ストーリーの展開に沿って、頭の中で想像を膨らませて行くという楽しみがあります。しばしば人気作家が書いた刑事小説や推理小説のテレビドラマ化ないし映画化された作品をテレビで見ることがありますが、それはそれで楽しむことができるのですが、原作本を読みながら自分独自の世界を想像し、思い描くことは、テレビ画面で見る受動的な楽しみ方とは一味違って、能動的な楽しみ方ができます。

例えば、西村京太郎のトラベルミステリーを読もうとすると、どうしてもテレビドラマの登場人物を演じる俳優の顔が思い浮かんでしまって、ついその俳優たちのイメージに影響されてしまいます。その点、ラジオから流れてくる音声や話を聞いていると、本を読むのと同じように、ストーリーを自分自身の世界に引き込んで楽しむことができます。人から何度も聞くよりも、実際に自分の目で見る方が確実であることを「百聞は一見に如かず」と言います。そこでは視覚的に情報を得ることが優れているという捉え方がされていますが、私見では、本で小説を読もうとする場合には、むしろ映像などは一見しない方が豊かな想像の世界を自由に思い描くことができると思うのです。

本は知的な旅の友

私は3種類（教養書、娯楽書、実用書）の本を並行して読むようにしています。Ｈｏｗ Ｔｏ物とも言われる実用書から仕事の効率を高め、円滑に仕事を進めるためのアイディアやヒントを得ることができますから、気に入った実用書があると折に触れて読むようにしています。

教養書は、私にとっては学術書と等価で、職業柄手放せません。学術書はじっくり読みたいし、記載されている内容について深く考えたり、確認したりしながら、行きつ戻りつして読み進むものですから、静かな所や机に向かって開くようにしています。長い時間、電車に乗るような時には、学術書を読むこともあります。電車内では人に邪魔されることがほとんどありませんから、動く書斎の如くに、電車の心地良い揺れを感じながら、落ち着いて読むことができます。電車での移動が短時間の場合、気軽に読める実用書や娯楽書を読むようにしています。床に就いてからは、主に小説などの娯楽書を読みます。時々、読んでいる本の夢を見ることがありますが、それも楽しいものです。

ついでながら私は推理小説が好きですから、その種の本をよく読みます。以前から機会があれば推理小説を題材として英語学の論文を書いてみたいと漠然と考えていたのですが、その機会が２０１８年の秋頃に巡って来ました。所属している日本文体論学会の編集委員会から招待論文の執筆を依頼されました。これぞとばかりに取り掛かったのがアガサ・クリスティー（Agatha Mary Clarissa Christie）の代表作『オリエント急行殺人事件』でした。その論文は「*Murder on the Orient Express* における表現技法」というタイトルで『文体論研究』（第65号）に掲載されました。その執筆について小池（２０２２）に記した箇所を以下に引用してみます。

終始楽しみながら書き上げることが出来た数少ない論文の一つであった。そのために原作を何度も繰り返し読んだ。その度ごとに新しい気付きや新たな発見があった。いかに注意深く字面を追っていても、見落としている点や全く気付くことがなく見過ごしてしまっていることが予想外に多くあることを実感した。同時に何度か読んでいるうちに、同じ文章を読んでいても、読む側に変化が生じて、既知の情報を基盤としてそれに新しい視点や観点が身に付いて来ているのであろう。また作家の文体に次第に慣れて、表現スタイルに徐々に精通するという進化を遂げているとも考えることが出来る。この論文を書いたことで、テキストを

丹念に読み込むことの大切さを改めて認識した。（p. 78）

一概に小説といっても、作風によって純文学と大衆文学、内容によって推理小説、時代小説、政治小説、ＳＦ小説など、長さによって長編小説、短編小説など、様々なものがありますが、私は読みたいと思ったものをその都度読むようにしています。そのため読む本には偏りがあります。しかしその偏りは決して大きな問題ではありません。読書は楽しむためにするものだからです。知りたいことを知ろうとするための知的行為だからです。楽しみや知りたいことはそれぞれ人によって異なるのです。そのため毎日のようにたくさんの本が出版されているのです。

鞄やリュックの中には大抵2種類の本を入れて出掛けるようにしています。小説などは、下車駅が近づくと途中であっても気楽に閉じることができますし、またその続きのページから読み出しても、すぐにストーリーに溶け込むことができます。大切なことは本を身近なところにいつも置いて、読みたい時にそれを読むことができるような環境を作っておくことです。

以前は文庫本や新書を開いて読んでいる人、新聞を開いている人の姿を必ず電車の中で見掛けたものです。しかし最近では、大半の人がスマートフォンに夢中になって、本を開いている人をほとんど見掛けなくなりました。仮にその人たちが電子書籍という媒体で読書を楽しんでいるのでしたら、何も異を唱えることはありません。もしそうでなければ、多くの人に本が読まれなくなってしまったことが残念でなりません。文化的に大きな損失であると思います。本が売れなくなってしまったことで、町中から書店が徐々に姿を消してしまっているという問題を引き起こしているのです。

本から情報を得る

本が読者に与えてくれるものは、種々の情報であって、決して知識ではありません。著者が自ら持っている知識や才能が、情報として本に書き落とされます。本に書かれた時点で、著者の知識や才能は情報と化すのです。読者がその情報を本から掬い取ろうとする作業が読書ということになります。読書から得られた情報は、読者自らの思考力や判断力、解釈力を駆使して、それを知識に変換するという生成過程を経ているものと考えます。そこで得た情報を基に新たな考えや発想を生み出すでしょう。その情報は、すでに読者が身に付けている知識を一層深めたり、広めたりしてくれます。その情報が読者の心を打ったり、感情を刺激したりするのです。本は、人が考えたり、感じたりすることへの一種の起爆剤になります。その起爆剤が多ければ多いほど人の心は強く打たれ、豊かになり、考えが広く深くなるのです。読書は私たちにとって欠かせない知的栄養剤のようなものなのです。

本好きの子どもに育てるために

読み聞かせがもたらすもの

「三つ子の魂百まで」と言われるように、幼い頃に形成された性格や性質は、その子が成長し、老年期になっても変わらずに維持されるものです。幼児は主に最も身近な存在の人々、特に家族から身の回りのことを学びながら成長します。小さな子どもの行動や仕草を注意して観察してみると、時には親の真似をしたり、親と同じような仕草や行動をしたりするのが見て取れます。「学ぶ」ことは「真似る」ことなのです。つまり白紙の状態の幼児たちにとって、最も身近な存在の人たちは、学習のお手本となるのです。

本を好きな子どもたちは、大人になってからも比較的、本を好んで読むという傾向があるのではないでしょうか。本に親しむという習慣は、幼子の時から始まるものと考えます。私自身は全く覚えていないのですが、幼い頃から本が好きで、自分ではまだ読むことができない頃に、両親に本を読んでくれるようにとせがんだそうです。一人である程度読むことができるようになってからも、時間さえあれば本を手放すことがなかったと両親が話してくれました。その習性が今もなお続いています。

児童文学作家の斎藤惇夫《さいとうあつお》氏（1940〜）の話では、小学校の4年生までは、毎日、親は15分間、子どもに本を読んでやるべきだ、フィンランドの父親たちは、毎日15分間、子どもに本を読んでやっているとのことです。その子どもたちが成長してからもその時に聴いた話の内容が記憶に残っているということです（NHK第1『ラジオ深夜便』2022年2月2日放送）。つまり父親の「読み聞かせ」によって、子どもたちは耳から入った情報を、自らが脳の中で映像化する作業を重ねて、それを記憶として定着させるという、知的な作業を繰り返し行うことで、豊かな情操《じょうそう》を育成しているということだと思います。また、子どもに読み聞かせをするということは、子どもの言語能力を高め、母語の訓練にも効果があるものと思われます。それに加えて想像力を育むことにもなるのです。

幼年期に聴いた昔ののどかな田園風景と人情味あふれる素朴な日常生活の原風景を、子どもたちがおとぎ話を通して知ることによって、日本人としての大切な心を感じ取って、その精神が代々受け継がれて行くのではないでしょうか。正《まさ》しく「三つ子の魂百まで」ということになるのです。都会で生活する人々が、田舎の風景を目にすると、ほっとした気持ちになるのも、小さい頃に思い描いた想像の世界が脳裏に記憶として残っているからではないでしょうか。『桃太郎』や『舌切り雀』、『浦島太郎』などのおとぎ話が、日本人の心の故郷として子どもたちに宿って行くのです。そこから日本人としての国民性が形作られて行くのだと思います。

おとぎ話には、身近な生活空間に存在する動物、鳥、植物、山や川、善人や悪人、情が深い人、意地悪な人、欲張りな人など様々な人物が登場します。子どもたちはその話を聞いて、いろいろな人間模様や出来事について学ぶことができるのです。

例えば、『舌切り雀』のおじいさんとおばあさんは、対照的な性格として語られます。おじいさんは、雀のお宿で歓待されて、帰ろうとする時に、欲をかかずに小さいつづらをおみやげに貰って帰りました。そのつづらの中には、大判小判に宝石やサンゴなどの美しい宝物がたくさん入っていたのです。それを見た欲の深いおばあさんは、雀のお宿へ出掛けて行って、踊りもごちそうもいらないから、早くみやげを持ってくるようにと急がせて、大きいつづらを受け取って帰りました。帰り道で中身のことが気になって仕方がなくて開けたところが、その中には、お化けやムカデ、ハチ、ヘビが沢山入っていたのです。そして家に帰っておじいさんに、その事を話しました。するとおじいさんは「かわいい雀がいくら糊を食べたからといって、その舌を切って意地悪をしたり、欲張って大きなつづらをもらったりしたから、罰が当たったんだよ。これからは、生き物を可愛がっておやりなさい。それから欲張らないようにしなさいよ」と言っておばあさんを諭したのです。

この話から子どもたちは、意地悪をすることはいけないこと、欲張ってはいけないことを学ぶのです。そして舌を切られた雀やその仲間の雀たちは、自分たちのことをいじめた張本人のおばあさんがお宿を訪ねて来ても決して逆恨みはしませんでした。そのことも大切な教えだと思います。

おとぎ話から学ぶ読解力

皆さんは小さい頃に、布団に入ってから、耳元で家族の誰かが話してくれるおとぎ話を聞きながら眠りについたのではないでしょうか。おとぎ話の冒頭は大半が「むかしむかし、あるところに、おじいさんとおばあさんが住んでいました。」で始まります。「むかし、あるところに」のように「むかし」を1回で表現するよりも、「むかしむかし」[1]（実際には、「むか〜し、むか〜し」のように「か」を長めに伸ばして発音することが多いのですが）と2度同じ言葉が繰り返されるのは、語りとしてのリズムもその方が良いということもあると思われますが、遥かに遠い昔をイメージする表現になっているのです。これは空想的な世界を表すために用いられる表現技法とされています。

なぜ「むかし」で始まるのかと言いますと、時間や場所などが「向こう側」の世界[2]であることを表しているように考えられます。時間や場所などが大きく隔たった世界、つまり時間や場所が現在の世界を超えた、想像の世界ですよ、という情報をまず与えるのです。その方が面白い世界が描けるからなのです。

「むかしむかし、あるところに、おじいさんとおばあさんが住んでいました。」という一文には、子どもたちが物語の世界を理解するために必要となる情報を組み立てるために不可欠な要素である「何時（むかしむかし）・何処（あるところに）・誰（おじいさんとおばあさんが）・どうしていた（住んでいました）」が含まれています。しかしおとぎ話の冒頭で与えられる情報は、決して明確なものではありません。「むかし」というのが、いつ頃のことなのか？「あるところ」というのが、どこのことなのか？「おじいさんとおばあさん」がどのような容姿ないし年格好の人たちなのか？など、情報価値の低い情報に過ぎません。それでも子どもたちは、自分が住んでいる環境や自分の身近な人たちに置き換えて、物語の舞台を想像しながら、理解しているのではないでしょうか。

子どもたちは、大人が考える以上に柔軟に思考できる脳を持っています。おとぎ話の冒頭の一文を耳にして、子どもたちは馴染みのない世界に引き込まれて行くのです。考え方が柔軟であるということは、優れた想像力も持ち合わせているからではないでしょうか。子どもたちが成長するにつれて多くのことを素早く学んだり、身に付けたりできるのは、その脳の柔軟性によるものと考えられます。幼児は、人間が発音することができるあらゆる種類の言語音を発声することが可能であると言われますが、それも幼児に与えられている柔軟性の一つです。

おとぎ話を聞いて、その舞台となる情景や登場人物、物語の内容を理解する過程で読解力が深く関与し、おとぎ話や絵本をたくさん読んでもらって、それを聴くことによって、読解力の強化が図られることになります。おとぎ話を聴くことは、母語として言語を習得するためにも、思考力を強化させるためにも有益な一助となるのです。

本との付き合い方

本を編み出したことの意義

最近、電車の中で本や新聞を開いて読んでいる人の数がめっきり少なくなったように思われます。時折、７人掛けのシートに腰かけている全員がスマートフォンの画面にくぎ付けになっているのを目にすることがありますが、その光景が滑稽にさえ思えます。もしその中の誰か一人でも本に目を走らせていたならば、その読書人に親近感を覚え、理知的な印象を抱くのは私一人だけでしょうか。それにしてもテクノロジーの急速な進歩には驚きと戸惑いすら感じずにはいられません。

人類の長い歴史の中で、言葉の獲得、文字の発明、そしてその後に本を手に入れたことによって、人をして人たらしめる存在になり得たと思います。もともと本は文字言語を媒体とする情報の伝達ないし蓄積の手段ですから、時間と空間の壁を超えて情報を伝えることを可能にしました。古代ギリシア人は、口承文化の中で自分たちの学識を広めてきましたが、それを確固たるものとしたのは、記憶を一層確かなものとするために文字に書き写すことを始めました。その流れを汲んでローマ人も文字を巧みに用いて、ローマ社会は高度な識字率を誇る文化を確立したと言われます（ペティグリー２０１７．p. 18参照）。

最初期には、文字は石や木片に刻まれましたが、その後、古代エジプトではpaperの語源となったパピルス、ヨーロッパでは動物の皮をなめした羊皮紙（parchment）、中国では紙がその文字を書く用具として用いられました。いずれの素材でも、一定の枚数の紙片を一つに綴じて本にすることによって、個々の紙に記された情報の散乱を防ぐことができたと同時に、思想や知識などの英知の結晶をまとまりのある情報として集約し、集積することが可能になりました。本を編み出したことで人類の文化は飛躍的に高度化を遂げたのです。

人類が創造した知的遺産である本を読み解く人の数が年々減少傾向にあると言われていますが、とても残念なことです。本を介して著者と読者の間で対話する読書は、私たちが成長する過程において必要不可欠な行為なのです。本それ自体が存在感がありますから、それ自体が収集対象にもなります。個人の書斎や図書館は知の宝庫です。そこに並べられた本の全体が私たちの向上心と向学心を掻き立てるのです。

本への関心を持ち続ける

本についての様々な情報が比較的に容易く得られるようになって大変便利な時代になりました。新聞や雑誌、インターネット、書店の店頭などで本についての情報を得ることができます。ラジオの深夜番組などを聞いていると、時々読んでみたいと思うような興味をそそられる本について語られることがあります。意図的に情報を得ようとするのとは違って、偶然に情報を手にすることができた時には、とても得をしたような嬉しい気持ちになります。私は、必ず枕元にメモ用紙を置いていますから、忘れないうちに書き留めておきたいことはその場ですぐにメモを取るようにしています。閃きや突如出現する発想は、その瞬間を逃してしまったら永遠に戻って来ることはありません。

私は、友人や知人と会った時に、時間さえあれば成る丈本のことを話題にするようにしています。自分が知らないような本についての新しい情報が得られる可能性があるからです。また、仮にその人が同じ本を読んだことが分かれば、その本についての感想を述べ合うようにしています。興味や観点は人によってそれぞれ異なるものですから、同じ本を読んでも捉え方に差異が起きるのは当然のことです。しかしその違いを知ることが実は大切なことなのです。通常は自分独自の読み方をするのですが、異なる解釈や見解について知ることによって、自分の世界を一層広めたり、自分の考えを一層深化させたりすることができるのです。さらに書評が目に入れば、それを読んで自分の捉え方や解釈と共通しているのか、それとも異なった読み方をしているのか、それを比べてみることも大変良い勉強になります。

求める情報は、ただ待っていても決して向こうから入って来てはくれません。自分から手に入れようとする努力をしなければ、必要とする情報は到底得られないのです。そのために費やす時間を決して惜しまないようにすることが大切です。常に本への関心を持ち続けることが大切なことです。

本についての情報

インターネットが普及する以前は、本についての情報が乏しかったためにそれを手に入れることに大変苦労していました。しかしその当時は、それが当たり前のことだと誰しも考えていました。一度便利な道具や生活様式を手に入れると、概してそれが当たり前のことのように考えるようになるものです。

従来、図書館の蔵書検索には、図書目録（library catalog）のカードが用いられていました。それには当該の図書館が所蔵している全ての本に関する情報が記載されていました。当時は主に本についてのあらゆる情報が図書目録で管理されていました。図書目録は、著者目録（著者名または編集者名で分類された目録）や書名目録（書名または題名で分類された目録）などに分類されていました。本を検索する上で必要となる情報が、それぞれアルファベット順ないし五十音順にその紙のカードに記載されていました。そのカードには日本十進分類法に基づく分類記号が記載してありますから図書館のどの辺りの書架に目当ての本が収められているのか、その収納場所が分かるようになっています。

なお21世紀に入って以降、コンピュータ技術の発達により、大半がオンライン目録（OPAC：

online public access catalog）に移行され、近年ではデータファイル、オーディオ・ビジュアル資料なども含まれるようになりました。インターネットの発達によって、他の図書館の蔵書検索が可能になるなど、研究や学習の環境が一変しました。ちなみに１９８７年に私が英国スコットランドのエディンバラ大学で学外研修を行った時点で、すでに大学の図書館に所蔵されている書籍をコンピュータ検索することができました。しかし当時はコンピュータへの移行段階であったために、図書カードとコンピュータが併用して使われていました。一方、日本では、当時まだ図書カードのみの検索が主流であったと記憶しています。

１９９０年代半ばにインターネットが世界的に凄まじい勢いで普及し始めました。近年、インターネットを利用して、本を含むたくさんの有益な情報を容易く、迅速に手にすることができるようになりました。しかしそこからは必ずしも正しい情報だけが入手できるという訳ではありません。便利になった反面、危険も同時に潜んでいることにも注意を払う必要があります。

以前、情報に飢えていた時分には、試行錯誤を重ねながら求める情報に辿り着こうとするそのプロセスの大切さについても学ぶことができたのです。その作業を通じて、直面する問題を解決するためには、何を、どこで、どのようにしなければならないのか、その方法や手段をある程度見出すことができました。そのような資料探しの経験が、その後の多くの問題を解決するための有効な武器になっていると思います。

インターネットを利用して不特定多数を対象に流布されている情報を安易に手にすることには

注意する必要があります。インターネットを利用することは、確かに時間の節約にはなりますが、そこで得られる情報はそこに辿り着くまでの中間段階のプロセスが欠落しているのです。ものを考えたり、足で稼いだりするというプロセスを経験することが実は大切なことなのです。学ぶということにおいて大切なことは、実は直面する課題や問題に対する取り組み方や解決法を訓練し苦労して身に付けることなのです。

専門的な学問の分野では、学術書、学術雑誌、学術論文などには、その根拠資料として参考文献や引用文献が一般に記載されていますので、それらを参照して、研究の幅を広げたり、精度を高めたりすることに役立てることができます。

本との出会いは一期一会

私は、時間があるとできるだけ書店に足を運ぶようにしています。書店の書棚に並べられている本を見歩くことは、知識の森の中を散策しているような気分になります。ともすれば興味のある分野の本のみに目が向けられがちですが、本はできるだけ幅広く読むことが望ましいと考えています。同じ領域や傾向の本を読むことで、その分野の知識を深めることも大切なことですが、昨今のように学問が学際化して、多様化し融合化している時代の中で、自分を十分に生かそうとするには、多種多様な本を読むように心掛けることが大切です。

当然、書店では興味や関心がある本をまず手に取ってみるのですが、その本を書棚に戻すこともあれば、そのまま購入することもあります。しかし必ず一度手にしたその本の両脇に並べられている本も手に取ってみるようにしています。すると時には思いもかけなかったような本と出会うことがあります。それは新たなインスピレーションを生むことになって、学問領域の深層化や拡張化を図ることにもなるのです。特に新書や文庫本などは、その傾向が強く、素晴らしい本との出会いができるのです。

昨今、インターネットで本を検索して購入することが容易にできるようになりました。探している本の所在を確認したり、探している分野の本についてのキーワードを打ち込んで探したりすることができるなどの長所はありますが、書店で本を直に手に取って中身を確かめることはさらに大切です。キーワードで検索することには限界があります。自分が探そうとしている本の書名に、必ずしも打ち込んだキーワードが含まれているとは限りません。

仮にキーワードが入っていなくても、重要な本はたくさんあるからです。そのためあらゆる所に情報収集のためのアンテナを張り巡らせておくことが大切です。インターネットで本を探すのは、デジタル的な本との出会いになりますが、書店で手に取った本と対面するのは、アナログ的な本との出会いになります。書店の書棚に並べられた本を時間を掛けて見歩くことは、知の森を散策しながら、一本一本の樹木に目を注ぐ時のような清々しささえ感じられます。古本屋に漂うような古書独特のにおいは感じませんが、新刊書店では、においを発しない本のにおいを感じ取れるのです。書店に漂う知的な雰囲気が本好きの琴線に触れるのです。

インターネットで本が手に入ることは確かに便利ですが、時にはそこに落とし穴もあります。本をタイトルだけで判断すると失敗をすることがあります。

私は、古英語を専門に研究していますので、それに関連するタイトルの本が目に入ると、それに引き寄せられて大抵買ってしまいます。以前、*Beowulf* というタイトルの本を書店のサイトで検索していたところ、馴染みの無い著者名が記された2冊がヒットしました。その内容を詳しく確認することをせずに注文しました。ところがその数日後、予想もしなかったような2冊が届けられたのです。(3) その2冊の本は、コンピュータについて書かれている本でした。およそ2万円に上る高い買い物をしてしまいましたが、よい戒めとなりました。

書店巡り（私は書店探索と称しています）をしていて、欲しい洋書を見つけても、あいにく持ち合わせが十分にないような時には、僅かでも内金を入れて取っておいてもらって、後日、それを引き取りに行くこともありました。本との出会いは一期一会であると考えています。書店で一度出会っても、その機会を逃してしまうと、次にいつその本と出会えるか分かりません。洋書の場合には、古書であればなおさらのこと、新刊本であってもその出会いが最初で最後となる可能性が大きいのです。そのような経験を何度かしたことがありました。和書はどうかといえば、最近では出版元が一度に発行する部数が少ないため、新刊本であっても手に入り辛《づら》くなっていたり、短期間で絶版になってしまったりすることが多くなりました。

紙の本と電子書籍

学生は、勉強や課外活動、生活費を稼ぐためのアルバイトなどのために多くの時間が奪われてしまって、概して読むのに時間がかかる本は、敬遠する傾向があるようです。その一方でスマートフォンやタブレットに釘付けになっている姿も目に付きます。本が余り売れなくなっているという書店の悲鳴を耳にすることが多くなってきました。そのため近年では、町中の書店が次第に消えているという現象が身辺で起こっていることから、その影響で本が買い求め難くなっています。長年本が果たしてきた文化や教育への貢献は極めて大きなものがあります。その貴重な貢献をしてきた本が読まれなくなって、買われなくなって、そのために書店が閉店に追い込まれるに至ったという現状、そのことは文化の荒廃に繋がる深刻な危機であると考えています。

以前、「本」や「辞書」にそれを修飾限定する「紙の」が付けられた表現はありませんでした。本も辞書も紙に印刷されて、製本されたものしかなかったからです。ところが紙以外の機器としての電子書籍ないし電子本が出現したことによって、それとの差別化を図るために、「紙の本」、「紙の辞書」という名称が生まれました。[4]

紙の本であれ、電子本であれ、本には頻繁に触れて欲しいと思います。それぞれに長所があります。紙の本は独特の質感が感じられます。手にした時の心地良い重量感（私はそれを「知の重さ」と言っています）、そして紙とインクの香りが心を落ち着かせてくれます。

一方、電子辞書（私は辞書以外の電子書籍は使用していません）は、大変便利ですから、重宝に活用しています。電子辞書の中には、英和・和英・英英などの英語辞典、数冊の国語辞典、百科事典、英文法書など、紙の辞書では到底持ち運びができないようなたくさんの数のコンテンツが含まれているため、それ一つで大抵の作業ができます。私は学生に出先では軽量で検索が利点となる電子辞書を積極的に活用するように勧めてきました。しかし家には必ず紙の辞書を置いておいて、必ず紙の辞書を使うようにしなさいと言い続けてきました。紙の辞書はアナログですから、ある単語を調べようとするとその単語に辿り着く間に、当然、別な単語がいくつも視野に入ってきます。調べようとしている単語について記載されていることを知ったり、確認したりすることも然ることながら、その前後や近辺に並んでいる単語や情報にも注意を払うことによって、予想外に大きな収穫が期待できるのです。私はその作業を「知的な旅」と名付けています。その知的な旅によって、思わぬ拾い物を手にしたり、予期せぬ発想が生まれたり、新たな気付きができたりするものですから、知的な旅と呼んでいるのです。

電子辞書が手元にあれば、それをいつでも引けるという安易な気持ちから、学生たちは調べた単語を書き写すという作業をしていない可能性があります。書き留める作業をすることによって、そこから新たな気付きや考えを派生させることが可能になるのです。電子辞書の普及は、利用者にとって便利になった反面、大切な知的作業を疎かにしてしまっていることも事実です。便利さが優先されるために、従来の紙の辞書の時のように、辞書を読むために引くという辞書の使い方は無くなってしまうのかも知れません。言語学者の安田敏朗（２００６）が、電子辞書は「いつでも引けるということは、引かないことと同義なのである」（p. 204）と述べていることは、事実を言い当てていると思います。

辞書を読む

辞書にはそれぞれ個性があります。どの辞書にも全く同じことが書かれているという訳ではありません。それぞれの特徴を知った上で自分に最も合った辞書を選ぶことが大切です。学生の頃から辞書を買おうとして書店に行くと、そこに並んでいる辞書をすべて開いて、同じ単語がそれぞれにどのように記載されているのかを比べてみました。その中で最も自分が使いやすい辞書、自分が必要とすることが書かれている辞書を選んで買うようにしていました。また、新しい版の辞書が発売されたことを知ると、可能な限り早くそれを確認するために書店に足を運びました。それは研究を進める上でより新しい情報を得ることが大切なことだからです。

ちなみに文章を書こうとする時に、それが日本語であっても、正確な言い回しを知りたい時に、その知りたい表現や使い方が手元にある国語辞典に必ずしも載っているとは限りません。そのような時には、和英辞典や英和辞典の例文に付けられている日本文を参考にしてみることも有効です。

また、辞書は、言葉を調べたり確認したりするためのみに使うのではなく、読み物としても有効活用ができます。日頃から辞書を読むという習慣を持つことで、自分が書く文章が的確かつ正確なものになるばかりでなく、微妙な言い回しや気の利いた表現ができるようにもなります。そして人が書いた文章にも理解が深まると共に、語彙力が増して、表現が豊かになります。つまり言語の世界が一段と広がり、豊かな人生になるものと思われます。

本好きには堪《こた》えられない場所

司馬遼太郎記念館を訪ねて

所属する学会が地方都市で開かれる時に、その機会を利用してその近くに作家の記念館があるとそこを好んで訪れるようにしています。大阪に出張した折に、以前から一度は訪れてみたいと思っていた司馬遼太郎記念館（東大阪市）を訪れることができました。

地下１階から地上２階までの３層吹き抜けの大書架を初めて目にした時の感動は今でも鮮明に覚えています。大書架は両側の壁面に向かい合うように聳え立つ高さ11メートルのツインタワーのように設置されているため、地下１階から見上げると遥か上方まで本がぎっしり並べられています。司馬の書斎をイメージして造られているもので、２万冊以上の書籍がそれぞれに無言の知の叫び声をあげているようです。

その書架の麓に立って見上げると、あたかも書物の樹林の中にいるような、清々しい気分になるのです。書架もそこに収められている本も木を材料としているのですから、当然のことなのです。森の木々の間から太陽光が差し込んでいるように、ステンドグラスを通して館内に取り入れられる柔らかい光が本を浮き上がらせている、その雰囲気は絶妙です。

初めて訪れた時に、また来たい、何度でも来てみたいと思わせる記念館だったのです。その後、別の機会に再度訪ねました。一度目に訪れた時の感動が忘れられず、数年後に再度訪れることにしたのです。同じ記念館を再度訪ねるということは稀なことです。

大書架の本の谷間に座って特に何をするという訳でもなく、しばらくの時間、ただ両側の棚に収められた本を上下、左右に目を移して眺めているだけで、本好きにはたまらない至福のひと時を味わうことができたのです。二度目に訪れた時には、司馬作品の中でも好きな『空海の風景』を持参して、その大書架の麓で数ページ読みました。この作品に取り組んでいた時の司馬の姿を想像しながら、何度も何度も書架の本を眺めたものです。

この記念館を設計した建築家・安藤忠雄は、「司馬さんの遺した文学的遺産を後世に伝える、即ち作家・司馬遼太郎の世界をかたちとして遺していくという主題を考えたとき、私の頭には自然、この膨大な蔵書で囲まれて、闇に包み込まれたような、かすかな光の空間のイメージが浮かんだ。それが、設計の始まりだった」(「創造の原点」『遼』2001年秋季号:p. 11)と記していますが、司馬のファンのみならず小説や本好きの訪問者なら誰しもその構想のすばらしさを実感し体験できるのです。司馬が多くの作品を生み出したその創造過程がイメージ化されていることから、司馬の作品を思い起こしながら本を間に挟んで司馬と読者である訪問者とが自由に対話できるような空間を作っているのです。司馬の著作物や遺品なども展示されていますので、それを観るのも楽しいのですが、何と言ってもこの約2万冊を収めた大書架に囲まれた空間が私は大好きです。

司馬遼太郎の書斎と蔵書

記念館は、司馬の自宅の隣に建てられているため、来訪者は木々がきれいに植えられているその自宅の庭を通って記念館に入って行くことになります。その庭先からガラス戸越しに司馬が生前執筆していた書斎を目にすることができます。

多くの作家の記念館に足を運んだことがありますが、大抵そこには作家の自宅の書斎を再現した展示コーナーが設けられているのです。しかし司馬記念館は自宅と一体となっているため、窓越しとはいえ、作り物ではなく本物の書斎を直に見ることができるという醍醐味を味わえるのです。記念館を訪れてから『竜馬がゆく』、『坂の上の雲』、『街道をゆく』などの作品を読みますと、記念館の荘重な雰囲気が思い起こされて、一層深く味わうことができますし、作品がより一層身近なものに思われてくるものです。作者と読者との間の感覚的な距離が縮まることになるのかも知れません。本に書かれている物語とそれを書いた作家、そしてその作家の生活空間とは、決して無関係なものではないのです。私たちすべてが限られた時と場所の中で生きているからなのだと思うのです。

作家が作品を書く際にどのように書籍を資料として使っているのか、そのことは読者や本好きには大変興味があることです。司馬の自宅の書庫に保存されている約4万冊の蔵書を観た作家・出久根達郎が、司馬の蔵書について次のように記しています。

私は司馬さんの書庫は、『燃えよ剣』や『北斗の人』（……）というように、作品ごとに、その執筆時に使われた書物がそのまま収められているもの、とばかり思い込んでいた。ということは、とてつもなく広大な書庫を想定していたのである。

そうではない。司馬さんは書物のコレクターではなかった。用ずみの本は払い出し、必要な本を購入し、その書庫は、目まぐるしく入れ替わっていたのである。（「司馬さんの蔵書」『遼』２００1年秋季号．p.9）

また、出久根によれば、司馬は自分の学校は図書館と古本屋だったと言っていたといい、古書が司馬の知識源であり、創作力の泉であったのです。現代作家で、司馬ほど大量に古本を購入した人はいないと言われるが、古書店の経営者でもある出久根がそう言うのですから間違いありません。『坂の上の雲』を執筆の頃、東京中の古本屋から、日露戦争関係の本が、一冊残らず姿を消したと、古書業者間で語り草になっているといいます。一行でも関係することに触れている本をも買い求めたとのことです。司馬が次に何を題材とした小説を書こうとしているかを出版社以外に察知できたのが神田の古書店であり、トラック1台分の古書を買い集めた、と私も以前人から聞いたことがありました。司馬がどのように本を基礎資料として利用していたのか、どの作品にどの書籍が使用されたのか、読者としては興味のあるところですが、司馬の書庫をつぶさに観た出久根は、次のように記しています。

一つの作品を書き上げると、参考にした文献は、きれいに払ってしまったのだろう。……何より司馬さんには、書物というものは、読んで学べば、それで十分であったのだと思う。……のちに必要となる本のみを、残した。司馬さんにとっての「基礎資料」であろう。あるいは、書こうとした作品の準備用書物だろう。

従って、たとえば、『竜馬がゆく』がどのような書物を用いてまとめられていったか、その全貌を残された蔵書から具体的にたどることは、はなはだむつかしいのではないか、と思われる。『竜馬がゆく』の完結と共に、その体系は崩された、と推測できるからである。

（「司馬さんの蔵書」『遼』２００１年秋季号．p.９）

出久根は、司馬の蔵書に辞典事典類が揃っているのを目にして、さすが小説家で、名文家だと司馬の秘密を垣間見たような気がすると記しているが、小説家はもとより文章を書くことを生業にする人、言葉を大切にしている人にとって、辞書類は必需品なのです。適切な言葉や的確な表現を選ぼうとする際に辞書は手放すことができません。それぞれの言語には、それぞれに固有の言い回しや決まった表現の仕方がありますから、気になった語句については必ず辞書で確認してみることが望まれます。名文家と言われる人は日頃から沢山の本を読んで言語感覚を磨き、辞書類を有効に活用しているのだと思います。

第4章　私が大学生活で得たこと

英文科での大切な教え

英文科で感じたこと、知ったこと

私は桜美林大学文学部英語英米文学科（以下、英文科と称する）で英語についての専門教育を受けました。多くの大学が英文科という名称を用いている中にあって、桜美林大学では、その学科名称が示しているように、英語について言語学的な側面から捉え、イギリスとアメリカ、英語圏の文学および文化をも重視する教育が実践されていました。

当時、英米文学に興味を持つ学生が圧倒的に多かったのですが、文学作品を正確に読んで理解するためには、それ相応の英語力が必要になります。また、英語学を専門に学ぼうとする数少ない学生も、ただ単に英語が話せればそれで十分だとか、英語が書けたらそれで良いということではなく、より正確により的確に英語が話せたり、書けたりするようになることを目指した科目が開講されていました。比較的に少人数のクラスで授業を受けることができましたから、先生方とも心が通い合って、和やかな中にも、節度のある厳しい授業を受けることができました。

それは創立者の清水安三先生（１８９１～１９８８）が、「師の影を大いに踏みなさい」と折に触れて学生たちに仰っていましたが、先生方もその教育方針に賛同されていたものと思います。

私は、入学時から英語学を専門に学ぶことを決めていました。そのためにイギリス文学やアメリカ文学の作品を読む授業には、どちらかと言えば、あまり興味が持てずにいました。そのためテキストの英文には作品のテーマの重要な箇所にではなく、英文法や英語表現の観点から興味がそそられる所に、下線を引いたり、書き込みをしたりしていました。まだその時点ではそうしたことが思慮の足りないことであるとは、全く気付いていませんでした。

その当時、文学作品を作り上げている英語が、作家によって計算された言語表現であるということには全く気付かずにいたのです。後になって、そのことを知ることになりました。文学作品では、状況に応じてその場で最も相応しい英語表現が使われていて、登場人物の心境や意図を如実に表す表現が用いられているために、文脈に即した英語について観察し、検討する必要があることに気付きました。

その苦い経験は、その後の英語に取り組む姿勢として、決して無駄にはなりませんでした。英語の語感を磨くために、できるだけ英米文学作品を読むように心掛けて、折があったら使ってみたいと思うような英文は書き留めておいて、論文を書く際に活用するように努めています。作家の鋭い感性、的確な表現技法、語彙や表現の選び方などは、学ぶに値する価値があると思います。それは日本文学を読む際にも十分当てはまることです。

英文の読み方

英文を読みながら、もし知らない単語や表現があってもそこで立ち止まらず、文脈の中で意味の埋め合わせをして理解しなさいと指導されることがあります。それは外国語に限らず、日本語についても当てはまることです。例えば、日本の新聞の一面記事を読んだり、馴染みの無い事柄について書かれている文章を読んだりすると、知らない単語や表現が出てきます。しかし私たちは前後関係からある程度推測することで、不明の空白を埋めることによって、全体的な意味を理解しているのです。

英文を読んでいて知らない単語や表現に出くわしたとしても、それを一つひとつ辞書で調べていては、英文を読んで理解するという一定のリズムが損なわれてしまうことになってしまいます。しかしその単語や表現が妨げとなって、どうしても意味が取れないような場合、何度も繰り返し現われる単語や表現の場合には、時間を掛けてでも辞書で確認してみることが必要です。つまり英文を読むという真の目的は、そこに書かれている内容を正しく読み取るということだからです。

英文科の2年次に履修した「英語学演習」の授業を担当された岩崎健弥先生（当時、桜美林短期大学教授）が、もし1行に2つ以上知らない単語があったら、その英文は到底あなた達の手には負えないと思いなさい、と仰っていたことを今でも覚えています。しかしその時、岩崎先生は、そのような英文を読むのは思い切って諦めなさいとは決して仰らず、むしろ知らない単語の数が少なくなるように、しっかり英語を勉強しなさいね、と私たち学生を励ましてくださったのです。

英語を聴き取ること

日本語のアクセントは高低ですが、英語のアクセントは強弱によって発音されます。そのため英語では、強く発音されたり弱く発音されたり、あるいは強勢が置かれない（強く発音されない）位置では、音が省略されたり、あるいは前後の音がくっついて融合してしまうことが多いのです。そのような音は慣れていないと聴き取ることが難しいものですから、聴き取れない音に気を取られていると、大切なことを聴き逃してしまって、何を言っているのか皆目分からないことになってしまいます。名詞、動詞、形容詞、副詞などの文を構成する主要な語は、一般的に強めに発音されたり、比較的長めに発音されたりするため、比較的に聴き取ることができます。

書かれた英文の意味を汲み取る方法は、英語を聴き取る時にも応用することができます。文脈を考えながら、聴き取ることができた単語や表現を繋ぎ合わせてみて、意味を理解しようとすることが大切です。聴き取れないところは、どのように埋め合わせをしたら良いのか、それは英語のリーディングの力が物を言います。リスニングにはリーディングの力が深く関わるということになります。リーディングはライティングとスピーキングとも密接な関わりがあります。つまり英語を書いたり、話したり、聴いたりするためには、読む力を強化することが極めて大切になるのです。英文を読むことによって、語彙を増やすことや英語の表現や文の構造などについての知識を身に付けることができるのですから、可能な限り多種多様な英文をたくさん読むように心掛けて欲しいのです。私たちの母語の日本語を的確、適切に理解し、それを使用する際にも、同様のことが言えます。たとえ母語であっても、言語脳を強くするために、日頃からその言語能力を高めるための努力を惜しまないことが強く望まれます。

私は英文科でそのような英語の学習法について学ぶことができました。英文科の学生時代に、研究することの楽しさと大切さ、英文をしっかり読み込むことの大切さを学びました。そのことは今なお私の中に大切なこととして生き続けています。

英語学を通して知った英語の世界

私は中学生の時から英文法に興味と関心を持っていました。その疑問を解明しようと英文科に進学しました。6年近く温めていた英文法の疑問が、大学で学年が進むにつれて徐々にではありましたが、解明の兆しが見えて来るようになりました。

大学2年次に、同級生と英語学夏期セミナーを設立しました。そのセミナーには大学と短大に所属する先生方に協力して頂いて、夏休み中の1週間を利用して合宿で英語学漬けになりました。その期間中、英語学についての講義を受けたり、課題に取り組んだりして、暑さにも負けることなく一日中勉強に明け暮れしました。先生方はそれぞれ英語学に関する様々なテーマの講義をしてくださいました。合宿中、すべて英語で生活することになっていましたので、イギリス人やアメリカ人の先生方にも英会話の指導をしてもらいました。まさしく国内に居ながらにして留学を体験することができました。

そのセミナーでは、英語の構造、英語の意味、英語の音声、日英語の対照研究、時事英語、英詩の文法などについて詳しく学ぶことができました。夕食後には、大学の授業では到底聴くことができないような貴重なお話を先生方から伺うことができて、大変良い人生勉強になりました。

私は、学生として3年間、そのセミナーに参加しました。大学卒業時に幸運にも英文科の研究助手として大学に残ることができました。そのため4年目からは教員の一人としてセミナーに引き続き参加して、数年後には英語学の講義を自ら担当するようになりました。先生方は2泊ないし3泊されていましたが、私は立場が変わっても、学生の時と同様に、学生たちと一緒に1週間を通してセミナーに参加しました。

英語学夏期セミナー以外にも、英文科では英語学、英米文学、英語の運用能力を高めるための多くの科目が開講されていましたので、英語について幅広く、バランスよく学ぶことができました。

岩崎健弥先生からは、従来の英語の学習法とは180度転換するようなことを学びました。それは英語を前から読んで理解しなさい、後ろから訳し上げるようなことは止めなさい、という教えでした。そしてその方法を直に先生から学ぶことができました。まさにコペルニクスによって唱えられた地動説にも匹敵するような指導を受けることが叶いました。それによって英語の世界観が一転したような気がしました。その当時は、まだ現在のように同時通訳というものが広く知られていませんでしたので、とても新鮮な驚きを感じました。ちなみに、岩崎先生は長年に亘り外交官として活躍され、戦後、日本国憲法を英語に翻訳した時の委員を務めた方でした。私が師匠と仰ぐ菅原俊也先生（当時、桜美林大学教授）も岩崎先生と同様の英語の捉え方をなさっていました。

大野一男先生（当時、桜美林大学教授、後に桜美林大学学長、桜美林学園理事長を歴任）には、2年次に「英語学演習」の授業で日本語の文章をどのように英語に翻訳したら良いのか、そのテクニックを詳しく教えていただきました。さらに3年次に「翻訳の技術」の授業で、日本語らしい日本語の文章をどのようにして英語らしい文章に言い換えるか、その技法を学ぶことができました。そこで学んだことは、その後、英語で論文を書くようになってからも大変役に立ちました。

2年次に菅原俊也先生の教えを受けるようになりました。先生と出会えたことで、私が中学生の時から疑問に思っていた英文法の諸問題を解決することに大きく近づくことができました。そして先生は、私が生涯の研究テーマを「英語の歴史」と「古英語」に決めたその切っ掛けを作ってくださったのです。先生は寝る間も惜しんで研究に打ち込んでおられて、毎日3～4時間しかお休みになりませんでした。研究に真摯に取り組んでおられる先生の姿を近くで拝見して、自分もそのような生き方をしたいといつも思っていました。先生のような優れた研究者であり教師になろうと努めてきましたが、90歳を間近にして今もなお休むことなく日々研究に打ち込んでおられる先生ですから、先生の足下にも到底及ばない状態です。

大学院生と研究助手の頃に学んだこと

大学院生の時に、宮部菊男先生（東京大学名誉教授、青山学院大学元教授）が日本大学大学院の授業を担当されることになって、幸運にも先生の授業を受講することができました。その授業で先生は『アングロサクソン年代記』（the Anglo-Saxon Chronicle）を教材として古英語を教えてくださいました。先生は、東京大学在学中に、日本の英語学の基礎を作られた市河三喜先生の教えを受けて、英語の歴史的研究をご専門とされました。

数年後、先生は青山学院大学に移られて、大学院で中英語の授業を担当されていることを知って、数年間、先生のもとに通いました。その後、先生が１９８１年に急逝されるまで、数名の研究仲間と共に先生のご自宅で *Beowulf*（古英語で書かれたイギリス最古の英雄叙事詩）の読書会を月に１度開いていただきました。そこでの毎回の数時間が、駆け出しの研究者にとって大変勉強になりました。テキストを読み進めながら、語学的に問題がある箇所に差し掛かると、先生は、「君ならどのような論文を書きますか？」などと問い掛けてくださって、私たちが予想外の答えをしますと、「僕だったら……のような研究にするね」などと仰って、私たちに研究の方法、テーマの見つけ方などについて、多くの示唆に富むヒントを与えてくださいました。

厨川文夫先生（慶應義塾大学名誉教授、成城大学元教授）は、古英語の大家で大変有名な方でしたから、以前から機会があれば先生にご指導いただきたいと考えていました。先生が成城大学大学院で授業を担当されていることを知った私は、勇気を奮って成城大学に先生をお訪ねして、授業を聴講させてくださるようにお願いしました。先生は快諾してくださって、翌週から授業に出席させていただきました。先生は評判通りの紳士で、古英語や中英語についてどのようなことをお尋ねしても、即座にしかも丁寧に答えてくださいました。また中世ヨーロッパや英国の事情についても大変詳しくご存知で、その当時の言語を理解する上で必要なことを教えていただくことができました。

また、厨川先生からたくさんのことをご指導いただきましたが、取り分け、人として一番大切なことを教えていただくことができました。それは当時私が書き上げた拙い論文を先生にお送りしますと、数日後に必ず寸評を添えてご返事をくださいました。そのような先生の人を気遣い、思い遣るという尊いお心を直に学ぶことができました。私も先生を見習って、人から出版物やお手紙をいただくとできるだけ早く返事を差し上げるように心掛けています。

生地《おいじ》竹郎先生（当時、上智大学教授）と小野茂先生（当時、東京都立大学教授）にも聴講生としてお世話になりました。生地先生には古英語と中英語を教えていただきました。純真なキリスト教徒の生地先生は、中世のキリスト教事情に大変詳しい方で、折に触れてそのお話を伺うことができました。小野先生には古英語をご指導いただきました。小野先生は特に文法的格（grammatical case）の判断・決定に長けておられ、それに関連する文法事項について多くを学ぶことができました。小野先生とは、都立大学の近くの蕎麦屋で毎週昼食をご一緒させていただいて、食事の間に様々な貴重なお話を伺いました。

古英語や中英語などの古い時代の言語を専門に研究するためには、その母語話者が現存しないために、その言語について具体的に確認することができませんので、多くの先生方がどのようにそれを解釈し、どのように理解されているのかを教えていただくために、若い時に武者修行を試みました。それぞれの先生方が長年の研鑽を積んで修得された優れた技（＝学問的な知識）を伝授していただいたことがその後の研究の大きな力となりました。

ドイツ語学を専門とする森秀夫先生（当時、日本大学専任講師、後に教授）と非常勤先の大学で知り合いました。先生から、月に数回の割合で数年間に亘って、都内にある先生の研究室で、夜遅くまでドイツ語を教えていただきました。古英語を研究する者にとって、ドイツ語についての知識を持つことは必須条件です。しかし私は学部と大学院時代に、第二外国語としてフランス語を学んでいましたので、当時、ドイツ語の知識は全く持ち合わせていませんでした。その課外授業で森先生から教えを受けたことが、その後の私の古英語研究にとっての強力な武器となりました。森先生には、ドイツ語を教えていただく返礼として、英語と英語学のテキストを先生と一緒に読みました。なお私が学部と大学院の時にフランス語を学んでいたことが、後に中英語について研究する際に大いに役立ちました。

授業から学んだこと

小学校で学んだこと

小学校から大学院に至るまで、それぞれの段階において、大きな影響を与えてくださった素晴らしい先生方と出会うことができました。

私が生まれ育った所は八ヶ岳の麓に位置する山梨県の過疎地でした。小学校は6年間分校で過ごしました。同学年の子どもは14人で、複式学級（＝2学年を一つに編成した学級）で授業を受けました。自分の学年よりも1年下の学年の子どもと同じ教室内で授業を受けたり、1年上の学年と一緒に授業を受けたりしました。

同じ教室の中で授業が進められるのですから、当然、一方の学年の子どもが先生から教わり、もう一方の子どもは、その間、自習をしていました。自分たちの授業時間が半分失われることにはなりましたが、同じ教室内でのことですから、別の学年の授業内容が耳に入って来ました。1年下の学年の授業を聞くことで、すでに習ったことを復習することができましたし、1年上の学年の授業を聞くことで、翌年教わることを予習することができました。自分が学んでいることの過去と未来が同居するような環境でしたから、立体的な学びができていたと思います。分校であったため先生の数は少なかったのですが、どの先生も親切に、熱意をもって一人ひとりの子どもの特性を理解した上で、丁寧に指導してくれました。子どもたちも学年の枠を越えて親しく交流することができました。

人生を決定付けた中学校での学び

中学校と高等学校へは電車通学をしました。電車内では、授業の予習や復習をしました。英単語、日本史や世界史の年代なども暗記しました。同じ電車で通学する友人と問題を出し合って互いに勉強しました。電車内は読書の時間にもなりました。まさしく動く図書館でした。比較的に記憶力が良い時期にこのような時間が毎日のように持てたことは幸運であったと思います。

中学生の時に受けた授業から、その後、私が進むことになった進路を決定するための大きな影響を受けました。私が英語学の研究者としての人生を歩むことになったのは、中学1年の時に初めて英語を学習したことが切っ掛けとなりました。その時に担当してくださったのが小沢満明先生でした。先生は大変教育に熱心な方で、県の教育委員会で長期間に亘って研修を受けておられたと聞いたことがありました。先生は、生徒たちに英語に自信を持たせるような授業を心掛けておられました。その小沢先生のご指導のもとで英語が好きになり、一度《ひとたび》好きになった英語は、私から離れることなく今日まで最も身近な存在であり、頼れる相棒でいてくれます。

私が影響を受けたもう一人が山田智恵子先生でした。先生には、中学2年の時に国語を教えていただきました。先生は、日本語の特徴について大変丁寧に、詳しく教えて下さいました。口語にせよ、文語にせよ、私たちの母語である日本語について、きちんと学び、正確な知識を持っていることの大切さに気付かせてもらったことが大切な宝物になっています。その時点で母語の日本語と外国語である英語とを対比して考えるという観点を身に付けることができたのです。そのような理由から、小沢先生と山田先生に教えていただいたことは大変幸運でした。

なお私が生涯英語学研究の道を歩むことになった切っ掛けは、もう一つあります。それは父の勧めによるものでした。父は、これからは英語をしっかり勉強しておくことが大切だと折ある毎に話してくれていました。そのことが動機付けになったことも事実です。中学2年と3年の時にペンパルクラブに所属して、アメリカ人のペンフレンドと文通をしていたのですが、最初の頃は思うように英語で手紙を書くことができませんでした。そのような時期に、父に手伝ってもらいました。私が最初に手にした英語の辞書は、父が学生の時に使っていたもので、英和と和英が1冊に収められていました。とは言え、父は英語に関わる仕事に就いていた訳ではありませんでした。戦前に東京で暮らした父は英語の必要性を身を以て感じ取っていたのだと思います。

「親」という漢字は、「木」の上に「立って」高所から「見る」と書きますが、親の役割とは、高い位置から見渡して、自分を客観視し、子どもたちの行く末を見極めて的確な判断と指示を与える立場にある人ということではないでしょうか。父は私が将来進むべき道を付けてくれたのでした。

英語で関心を持ったこと

中学生の頃から、英語の構造、語彙、音声に興味を抱くようになりました。中学１年の教科書ではじめて習った英語が This is a fish. This is a dish. という２つの英文でした。日本語では「魚」、「皿」と言うのに、どうして英語では“fish”、“dish”と言うのか？ “fish”のことをどうして「魚」と結び付けて理解することができるのだろうか？ と素朴に考えていました。なお dish をただ単に「皿」として理解していましたが、それは「盛り皿、大皿」であって、小分けの「取り皿」は plate という別の語で表されるということなど、その時点では知りませんでした。

その後、日本語では「魚」や「皿」といって済まされるのに、どうして英語では不定冠詞の“a”が添えられるのだろうか？ など、いろいろな疑問が次々に湧いてきました。その都度、先生方に尋ねてみたものの、「英語とはそういうものだから、その通りに覚えておきなさい」というような答えを返されるのが常でした。しかし、その頃、それにはそれなりの何か理由があるはずだ、と考えていました。「魚」と“a fish”の関係に加えて、複数形についても学ぶようになって、さらに別の疑問が生じてきたのです。英語で２つ以上のものにはそれが複数であることを表す語形を用いて、“two dishes”、“three dishes”のように“-es”を付けて表現するのに、日本語では「皿２枚」、「皿３枚」のように、なぜ「皿」という語そのものが変化せずに、１枚の時と同じ語形の「皿」が用いられるのか？　ひいては「皿2枚」のときには“two dishes”と言い、「魚2匹」[1]では“two fishes”ではなく、なぜ“two fish”[2]なのかという疑問を抱きました。そして「皿1枚」のときの“a dish”の“a”が「皿2枚」になると“two dishes”のように“a”が“two”に置き換えられるのであれば、その“a”は“one”「1つ」を意味するはずだが、それならなぜ“one dish”とは言わないのだろうか？　など次々と疑問が湧いてきたのです。

それらの疑問への答えは、私が大学に進学して、英語を詳しく学ぶようになってから徐々に見出すことができました。このような英文法に興味と問題意識を持ちながら高校を経て大学の英文科に進みました。

大学で学んだこと

大学では、卒業要件となる所定の単位を履修しましたが、1・2年次には、所定の一般教養科目を履修しなければなりませんでした。その頃、英文科生が専門として学ぶ科目群とそれを学問的に支えるような科目群が配置されていることなどほとんど眼中にありませんでした。そのため英語以外の科目はともすると軽視しがちでした。

しかしそれは大きな間違いであることに学年が上がるにつれて次第に気付くようになりました。英語学を教師として学生に教え、研究者として英語学を研究するようになって、生物学、心理学、地学、物理学、数学、哲学、倫理学などの知識を備えていることが、如何に専門領域の研究を深めたり幅広いものにしたり、客観的な視点を与えてくれるものであるかということを痛感するようになりました。つまりすべての学問がその根底では深く関係し合っているのです。無駄な学問や授業、勉強は一つもないのです。

「風が吹けば桶屋が儲かる」[3]ということわざがあります。それは「意外なことが原因となって、めぐりめぐって好結果がもたらされることになる」（新明解国語辞典）ということの譬えです。この譬え話を知ることになったのは、大学1年の時に履修した生物学の教授が何度も口にされたので、自然に覚えてしまったのです。この譬えを知ることによって、ある行為や出来事と、その後に発生する事実との間に生じる原因と結果の関係（＝因果関係）について認識することができました。それ以外にも生物学の授業ではたくさんの貴重なことを学ぶことができたのですが、取り分けこの因果関係について学ぶことができたことは大きな収穫でした。この例が示しているように、同じ事柄を何度も繰り返して耳に入れることが、記憶として定着させる近道であることを実感しました。そしてその方法こそが、外国語を修得するためにも最も有効な方法であることを、この生物学の授業を通して体得することができました。

ちなみに桶屋という職業は現在ではほとんど見掛けなくなりました。桶や樽を拵える職人が少なくなり、後継者がほとんどいなくなったこと、さらにプラスチックなどの容器が手軽に使われるようになって需要が少なくなってしまったことが要因になっているのだと考えられます。大変残念なことです。桶や樽は、長年に亘って日本文化を形作り、日本人の日常生活を支えて来たものですから、それが消えてしまうことがないようにと強く願っています。

大学生としての学習への拘り

私は、大学生の時に同じ科目を２度履修することがありました。決して単位がもらえなかったという訳ではありませんでした。自主的に履修を放棄したためです。最後の試験を受けても、自分が満足できない、納得できないような答案になってしまったその時点で、自分は再度履修をしますから、答案を採点なさらないでくださいと科目担当の先生に申し出ました。私は決して成績表に良い成績を残したいと考えていたのではなく、自分で納得が行くような結果にしておきたかったのです。

先生は、その潔さというか、無謀な申し出に理解を示してくだって、私の名前を憶えてくれました。そして再度、次の学期に同じ授業を受けることになりました。そのような学生がいたものですから、さぞ先生方は授業がやり辛かったではないかと考えていました。しかし後に自分が教壇に立つようになってから、ごく稀に似たような学生が現れましたが、まさに教師冥利に尽きるというものでした。単位だけもらえたらそれで良いと考える学生が多い中で、そのような熱心に学ぼうとする学生がいてくれることを大変うれしく感じました。そのような学生は、ほとんどが再度履修した授業では高い成績を収めて巣立って行きました。

人生において、何度でもやり直しやチャレンジが可能なのです。安易な道を選ぼうとしないで、むしろ迷ったら厳しい方の道を率先して選んで歩むようにすることによって、そこから予想外の収穫を手にすることが期待できるのです。

学問の大切さ

福沢諭吉が考える学問

「学問」といえば、多くの人がまず思い浮かべるのが福沢諭吉（１８３４〜１９０１）ではないでしょうか。福沢の著した『学問のすゝめ』があまりにも有名であるからです。その一節に学問修業に身をおいた朱子学を学んだ書生のことを記しています。

学問は、読書だけが唯一のものではない。……学問の生命は活用にある。活用できぬ学問は無学に等しい。昔、ある朱子学の学生が、多年江戸に留学して、朱子学について諸大家の説を写し取り、日夜勉強して、数年間にノート数百冊を作り上げた。いよいよ修業もでき上がったから故郷に帰ろうというので、自分は東海道を西に向かい、ノートは葛籠《つづら》に納めて、貨物船に託して発送した。ところが、不幸にも船は遠州灘《なだ》で遭難してしまった。この災難のため、その学生は、自分は無事帰国したものの、学問はすっかり海に流れてしまって、身に付いたものは一つもなく、いわゆる元の木阿弥《もくあみ》で、その無学さは遊学以前と少しも変わらな

かったという話がある。（福沢２０２１、pp. 152-153）

ここで福沢が言わんとするところは、たくさんの本を読んだり、たくさんの本を手書きで写したりするだけでは真の学問をしていることにはならないということです。読書などを通して修得したことを自分なりによく考えて、十分理解すること、つまり咀嚼《そしゃく》することです。そしてそこで得た知識や理性を最大限に働かせた知的な精神（＝考え）を手に入れて、それを十分に生かすことなのです。それこそ学問を志す者が常に心しておくべきことなのです。

上記のことを踏まえて、福沢（２０２１）はさらに学問の方法について以下のように記しています。

> かようなわけで、学問の生命は読書ばかりでなく、精神の働きにある。この働きを活発にして実地に応用するには、いろいろな工夫がなければならない。「オブザベーション」[4]とは、事物を観察することであるし、「リーズニング」[4]とは、事物の道理を推究して、自分の意見を立てることである。しかし、もちろんこの二つだけで学問の方法が尽きるわけではない。このほかにも、本を読み、書を著わし、同学の士と討論し、多数の前で意見を発表しなければならぬ。これらのいろいろな方法を用い尽くして、はじめて学問の研究者といえるのである。すなわち観察・推理・読書はみずから知識を求める方法であり、討論は知識を人と交換

する方法であり、書を著わし、演説をすることは知識を人に伝える方法である。（pp. 153-154）

さらに福沢は、観察（observation）と道理の推究（reasoning）は大事なことだが、それだけでは十分とは言えず、本を読み、書を著わし、同じ学問を学ぶ人と意見を交わしたり、自分の意見を公に発表したりしなければならない、と説いているのです。

物事を事細かに観察すること、物事の道理を探究し、その上で自らの考えを明らかに持つことであるということなのです。つまり道理とは、ある事態が生じている状態から判断して、そのようになったのは、かくかくしかじかの原因ないし理由があったからだと考える思考回路を頭の中に作り上げるということなのです。[6]

それらに加えて福沢は、読書を行い、書物を書いて世に出し、人と話し、人に向かって話す（演説する）ことができて、はじめて学問を修めた者だと言います。

人に話して得るもの

人は自分の思っていること、考えていることを別の人に話すことで、自らの思いや考えについて整理することができます。学会や会社内での会議などで自分の研究成果や企画案などを発表して、聴衆や参加者から意見や質問を受けることで、それまで自分では気付いていなかったことや、時には考察が不十分であった点などについて指摘を受けることができます。また、人に向かって話していると、聴いてくれている人が自分の話に賛同してくれているのか、納得していないのか、その反応や様子がその場で確認できます。理解してもらえていないようであれば、適宜補足説明や別の事例を挙げて理解を促すこともできます。そのような遣り取りをもとに原案に修正を加え、さらに推考と推敲を重ねることによって、より精度の高いものにすることができます。上記の福沢の学問についての考え方は、現代においてもなお十分通用する真理を述べたものです。

大学の教師として長年過ごしてきましたが、学生により多くの情報を伝え、問題や課題を的確かつ正確に解決できるような能力を身に付けさせることに努めました。多くの情報を提供することによって、学生が研鑽を重ねて、それを学生自らが揺るぎない知識に育て上げることが期待できるのです。教師としての更なる大きな喜びは、学生が高い問題意識を持って大きく成長してくれていることが実感できることです。学生に一方的に講義をするのではなく、学生と対話をし、議論や意見交換が自由にできるような環境を築くことができると、学生との遣り取りの中で予期しなかったような発想が浮かんで来たり、新しい気付きがあったりして、大変有意義な時間を経験することができたのです。そのような大学での教育や研究を通して、卒業後に社会で十分活躍できる多くの若者を世に送り出すことが叶ったのです。

西山敏樹（２０１６）は、良い大学教師（西山は大学教員と称している）であるための要素として、次の３つを挙げています。①十分研究ができること、②十分教育ができること、③十分社会貢献ができること。そしてこれら3つの要件を質的・量的に満たしていることが一人前の大学教師であると見なします。つまり大学生や大学院生の指導に当たる教師には、研究力と教育力が優れていること、そして人のため社会のために活用することができるような生きた学問を伝授し、自らも手掛けている学問探究の成果を定期的に広く社会に還元していることが強く望まれるのです。

研究がもたらすこと

私は、英語学研究を50年以上続けてきましたが、現在でも分からない、解決できていないことばかりです。研究することによって、それまで分からなかったことが分かったという喜びもあります。その一方で研究した結果、それでも分からなかったということを明らかにすることも、その研究を手掛けたことによって得られた結論であると考えます。

研究は、筍の皮を一枚一枚剥がして行くような作業に似ていて、1枚皮を剥いでもまた次の皮が現われるように、次々に新しい疑問が浮かび上がって来るのです。しかし1枚ずつ皮を剝ぐごとに真相に近づいていることは事実です。自分が取り組んでいる研究テーマの核心に一歩一歩近づいているということが実感できる時が、研究に携わる者にとって大きな喜びであり醍醐味なのです。

また、大学の教師としての楽しみは、そのような研究の楽しさを自ら経験し感じてくれる弟子を育成することなのです。このような思いは、後継者を育てようとする親方や師匠と相通ずるものであると考えています。研究を通して、分からないことがたくさんあるということを実感すること、そして分からないということが分かることの大切さを知ることが、何よりも大事なことであると思うのです。

哲学を持とう

哲学の2つの意味

私たちはともすると「哲学」のことを、難解で近寄りがたい学問、あるいは、角の尖った冷たいコンクリートの建造物のような印象を持っている人が多いのではないでしょうか？　確かにそのような一面もあります。

人に「ご専門は何ですか？」と聞かれて、「英語学です」と答えると、「おもしろそうですね」と言われることがありますが、もし「専門は哲学です」と言ったならば、恐らく「すごいですね」とか「難しそうですね」などと答えが返ってくるのではないでしょうか？　それほど哲学は、身近に感じられる学問ではなく、難しいものだと考えられている可能性があるように思えるのです。ちなみに「英語学です」と答えても「難しいことをなさっているのですね」と言われることもあります。

哲学には、世界の在り方や人間としての生き方において、最も大切な決まりや基礎となる仕組みについて学ぶという学問的なレベルと、個人が自らの経験に基づいて築き上げる世界観や人生観という一般的なレベルとがあります。この2通りの意味での哲学のうち、学問的な哲学ではなく、生活や経験に照らし合わせて、人としてどのように生きるべきか、どのように生きたら良いか、それを考えるという意味での哲学の必要性をひしひしと感じています。豊かな生き方をするための基本原則を念頭に置いて、他の人々と共により良い生き方をしようとする考えを、皆が常に持っていることによって、住み良い、人にやさしい生活環境が作られるものと思います。

私たちの住む世界は、決して一人では生きて行けないのです。互いに心を寄せ合って、助け合い、かばい合いながら生きて行かなければならないのです。地球上には様々な思想や感情、生活様式、価値観などを持った人々が生活しています。その多種多様な人々と協調して生活を営むためには、グローバル化した世界において、個々人がどのような生き方をすべきか、それを模索しながら、人の痛みが分かり、互いの存在を尊重するような、そのような基本となる哲学的な知識を備えていることが望まれるのです。

自分自身を磨くために

昨今、コンピュータの普及によって、多くの業種や職場において、人の顔を見るよりも、ディスプレイに釘付けになって仕事をする時間が増えているように思われます。コンピュータなどの機器によって繋がっている人間関係ではなく、直に人と人とが向き合うことが基本であって、極めて大事なことなのです。どれほど学問を積んでも、人として大切なこと、基本的なことが守れないような人は、いくら高学歴者であっても、いくら専門的な知識が豊富であったとしても、人と和やかに、仲睦まじく共同作業をすることを望むことはできません。最も大切なことは、人として持っておくべき品格、人間性、協調性を身に付けておくことであると思います。

川の石が水で流されて、水の中を転がって、石と石とがぶつかり合うことによって、角が削れて丸みを帯びて行くのと同じように、人は他の人と接することによって、様々な影響を受けて、凝り固まった思考や四角四面な性格が徐々に丸みを帯びて、柔軟性のある心に変わって行くことが多いのではないでしょうか。

そのためには日頃から進んで様々なことにチャレンジして自分を磨くように心掛けて行動し、それを積み重ねることに努めて、自らの見識を高いものとすることが望まれます。幅広い知識を身に付けることによって養われるたしなみや柔軟かつしなやかな考え方ができることが一般に言われる教養です。「哲学」こそがその教養の中核をなすものであると考えています。哲学は、人の心を測るための物差しのようなものなのです。

「哲学」の意味すること

「哲学」は、英語の philosophy に対応する日本語として造られたもので、「知／知恵を愛すること（love of wisdom）」「知恵への愛」を意味するギリシア語の philosophos より派生した philosophia に由来します。１３００年頃に「学問、知識」の意味で英語に借用され、１３４０

年に「哲学」という意味で英語に用いられるようになりました。元々この語には「学」という意味はありませんでした。「知」と「愛」との関係において生まれた概念で、「知る」ということに心が引かれること、つまり知ることがものを追究することに至って、延《ひ》いては知る手段として「学ぶこと」、「学問をすること」に至ったものと考えられます。哲学は、世界や人間についての知恵や原理を探求する学問とされます。平たく言えば、私たち人間がこの世界を如何にしたら住みやすいものにできるのか、どのように物事を考えたら互いに理解が深まるのか、それを探求するのが哲学の目指すことなのだと考えます。

『知の技法』の編者として有名な小林康夫が「……『学ぶこと』は、知識を獲得したり、それを生産したり、伝達したりすることではなくて、なによりも『行為することを学ぶ』ことでなければならない。知識という対象にではなく、主体的な行為にこそ『知』の本質がある。とすれば、それにともなって、『やり方』というものがあるだろう」（p. 216）と述べているように、手にした知識を如何に実生活に生かそうとするか、それが大切なことなのです。桜美林学園の創立者・清水安三先生が唱えた教育の理念である「学而事人《がくじじじん》」（学びて人に事《つか》える（＝仕える））、つまり「学問のために学問をするのではない」、「自己の教養のために学問するのでもない」、「学んだことを人のため、社会のために生かす」こと、という精神です。「学而事人」とは、まさしく学ぶことの本質を言い当てているのです。

広く学術博士のことを Doctor of Philosophy（Ph. D.）と言いますが、哲学に特化して専門的に高度な知識を修めた人に授与される学位ではなく、この場合の philosophy は「高等な学問」という含意があります。つまり高度な学問を修めた人に贈られる学位が博士、つまり Ph. D. なのです。

　私たちがごく身近なことを深く知ろうとすることも哲学であり、宇宙や世界を形成するあらゆる事象に関わる原理・原則を探求することも哲学なのです。哲学についての知識を持つということは、豊かな人間生活をする上で不可欠なことなのです。

第5章

言語を通して見る世界

言葉は私たちと共に在る

方言の温かさ

人の生き方は育った環境によって左右されると言われます。生まれ育った環境やその土地柄が人々の生活習慣や生活様式に大なり小なり影響を与えるのです。ある地方や地域で育つと、その土地固有の言語習慣が身に付くものです。それが方言です。自分が話す生活言語が標準語ではなく方言であるということを意識した時から、その言語の体系について意識を持つようになります。なお標準語として定められている言語も、一般に、方言の中から選ばれた言語を基盤として、それに修正などを加えたものです。日本語の標準語は、東京の山の手に住む中流階級の人々が用いている言葉が基礎になっています。

私は、山梨県の片田舎で生まれ育って、高校を卒業するまでの間、甲州弁が生活語となる地域で過ごしました。大学に入学したその時に生まれ故郷を離れて生活することになりました。大学の夏休みに久しぶりに故郷に帰りましたが、その時のことです。中央本線の電車が甲府を過ぎてしばらくした頃に、女子高生が数人乗り込んできました。彼女たちが話している言葉を耳にして、ああ、故郷《ふるさと》に帰って来たんだなあ、と実感しました。そして大変親近感が湧いて来て、心に温もりが感じられました。地方人にとってお国訛りは心に深く染み込むもので、ほっとした気持ちになりました。

甲州のお国訛りは、それ独特の一部の表現を除けば、音韻的にも、語彙的にも、語法的にも、標準語と大きく差別化される程の異質性はありません。どこまでが方言で、どこが標準語と違うのかを明確に識別することがむしろ難しい程度の違いなのです。甲州弁にはもちろん独特の言い方もあります。例えば、末尾に「～じゃん＝～ですね」（例、ほうじゃん＝そうだね）や「～ずら(1)＝～でしょう、～だろう」（例、ほおずら＝そうでしょう）を付けたり、「えらい＝大変な」（例、歳のせーでとぶのがえらい＝歳をとったために走るのが苦労だ）、「とんでこおっし＝走っておいでよ」のような独特な言い回しがあります。甲州弁と一口に言っても、地域ごとにそこ固有の訛りがありますので、ここに挙げた例はそのうちの一例にすぎません。

10代の頃、方言を話すことが何となく恥ずかしいと感じていましたが、その後、その考えが間違いであったと考えるようになりました。方言にはその言語体系が形成されるに至った歴史が存在するのです。それを味も素っ気もない標準語に平板化してしまって、方言や訛を端に追いやってしまうことは、貴重な文化的財産を失ってしまうことなのだと、英語学を専門に学ぶようになってはじめて気付いたのです。

地域ごとに、その土地の産物を最大限に活用した独特の郷土料理があるように、言葉もその土地に特有の特徴を備えているのです。従ってその土地で実際に生活する人々から、彼らの言語（＝方言）を切り離すことはできないのです。そのことを大切に考えたいと思います。

標準語と方言

マスメディアの普及によって、日本全国にマスコミで用いられる日本語が、各地の方言を覆い隠してしまうかのように連日流されています。そのことで年配者を除いて、多くの人々が方言を話そうとはしないような状況になって来ています。時代の趨勢に従うことは決して悪いことではありませんが、自分たちのアイデンティティーは大切に保持して次世代の人々に継承したいものです。故郷《ふるさと》を慈しむ心、郷土料理の懐かしい味を大切に次世代に伝えたいと思うように、私たちの中核に深く根差している母なる言語である地域方言を決して絶やしてはならないのです。

嘗て私は英国で暮らしたことがありました。その時に、スコットランドやウェールズで貴重な経験をしました。スコットランドでは、現地訛の強い英語やゲール語がBBC Scotlandの放送番組で堂々と用いられていることに、最初は驚かされました。しかしその土地の歴史的ないし民族的な事情が影響していることが分かるにつれて、感動するようになりました。それは、自分たちのアイデンティティー（自己同一性）をイングランド人が話す標準英語（the Queen's / King's English）から頑なに守ろうとする強い心の表れであると思いました。

また、ウェールズを訪れた時に、テレビを見ていた時のことですが、急に全く理解することができない言語が流れて来ました。その番組はケルト族の血を引くウェールズの人々に、ケルト語を起源とするウェールズ語（Welsh）の教育とその普及を目的としていたのでした。このように人と言語とは、切っても切れないような深い関係にあって、言語はそれを話す人の人格の一部であるとも言えるのです。

ウェールズでのまたとない体験

私が、ウェールズの南西部に位置する都市カーマーゼン（Carmarthen）を訪ねた時のことです。ウェールズに入ると道路の表示板が英語とウェールズ語で表記されています。英語名のCarmarthenとウェールズ語のCaerfyrddinとが併記されていました。しかしカーマーゼン市内に入るとすべてウェールズ語の表記に変えられていました。イギリスの正式名称は「グレートブリテン及び北アイルランド連合王国」（the United Kingdom of Great Britain and Northern Ireland）ですが、イングランド、ウェールズ、スコットランド、北アイルランドという個性豊かな４つの地域から構成されています。そのうちの一つであるウェールズに入った途端に別の国に入り込んだような気持ちになりました。

その晩、その町の小さなホテルに泊まった時のことです。夕食の準備が整ったことを知らせるベルの音を聞いて、一階の食堂に降りて行きました。各テーブルを宿泊客数人が囲むように準備されていました。私が案内されたテーブルには、すでに中年の男女２人が席に着いて私を待っていてくれました。

同じテーブルになった縁で、食事をしながら、いろいろな話をしました。私が日本からやって来たと伝えると、当然のことですが、ユーラシア大陸を間に挟んで英国とは対極の位置にある日本は、２人にとっては全くの別世界なのです。そのために異文化圏の日本のことについていろいろと話すことになりました。日本で生活していると、世界中の動向や様々な出来事を容易に知ることができることから、外国の人々も日本のことを同様に、同程度に知っているものと考えていたのですが、決してそうではないのです。

勿論、日本のことに精通している英国人はおりますが、多くはマルコ・ポーロの『東方見聞録』[(2)]の中で「黄金の国」として紹介されているジパング（Zipangu）程ではないにしても、明らかに多くの私たち日本人が英国の事情について知っている程には、彼らの多くが日本のことについての情報を得ているという訳ではありません。

質問されることで、その人がどのようなことを知りたがっているのか、どのようなことに興味や関心を持っているのかが分かって、良い勉強になります。その質問に答えようとすることで、それまで考えてもみなかったようなことについても意識して考えることにもなりますから、改めて自分のことや自分が関係する事柄について再認識することになります。私たちは言語を用いて物事を考えたり、説明したりします。その時に、言語によって情報や知識を整理するという作業を同時にこなしているのです。

ところで私の目の前の2人のことに話を戻すことにしますが、その2人と同席したことで言語学的に大変興味深いことを体験することができました。その夫婦は大変人柄の良い素敵な人たちでした。特に男性は話好きで、明るく、人懐っこい人でした。いろいろと話してくれたのですが、彼が話す英語（と思われる得体の知れない言語）を全く聞き取ることができず、当惑顔をせざるを得ませんでした。

解らないのをさも解ったような対応をすることは大変失礼なことですから、隣の女性の方に視線を向けて助けを求めるような素振りをせざるを得ませんでした。女性はブライトン（Briton）[3]出身ということで、彼女が話す英語はきれいな標準英語そのものでしたから、とても聞き取り易くて理解することができました。「夫の話す英語は、ほとんどのイングランドの人たちには理解してもらえないのですよ。あなたが理解できないのは、夫が話す英語の訛りのせいなのですよ。夫はコーンウォール（Cornwall）[4]の出身ですから、訛が強いのです」と女性が説明してくれました。それを聞いて私はほっとしました。

私はすかさず女性に「お2人が知り合って間がない頃からご主人の話す英語がお分かりになりましたか?」と大変失礼なことを聞きしました。すると「私も夫と知り合ったばかりの時には、彼が言っていることが全く理解できませんでしたのよ」と、女性はにこやかに答えてくれました。その間、隣のご主人は、にこにこしながら私たちの会話を聞いて、そうだ、そうだと言わんばかりに大きくうなずいていました。その夫婦に出会って楽しいひと時を過ごすことができました。

思い起こせばイーストボーン（Eastbourne）[5]を訪れた時、宿泊した宿の主人に、私がスコットランドから下って来たと伝えたところ、現地の英語が分かるかと聞かれたので、日々苦労していると伝えると、納得顔で相槌を打っていたのが懐かしく思い出されます。

その時、主人は「我々イングランド人は、スコットランド人の漫才を聞いても笑うことができないんだよ」と言っていました。ブリテン島で話されているさまざまな方言は、日本列島各地で話されている方言よりもさらに大きな方言差があるということを知ることができました。

多様な英語の存在

イングランドの中を30分位車を走らせると、その場所では30分前とは明らかに違うような方言が話されているほど、多種多様な方言が存在しているのです。方言の多様性は歴史の長さと深く関わっているのです[6]。イギリスでは、地域ごとの方言に加えて、民族の違いや階級による違いなどが複雑に混ざり合っているのです。私の経験では、モデルとなる標準イギリス英語を話す人の数は予想外に少なく、ごく一部の地域や、一部の階級の人に限られていることを実体験しました。スコットランドのような顕著な方言や強い訛りがある地域であっても、大学の先生方や大学構内で飛び交う英語は、外国人でもほぼ理解ができるような、標準語ないし標準語に近い言語が用いられています。バスやタクシーの運転手、郵便局員、店員などの職業に従事している人々の話す英語には苦労させられました。1年間エディンバラで過ごしましたが、とうとうその地域の人々が話す英語をマスターすることは叶いませんでした。

鈴木孝夫（２０１４）に、階級方言差と識字率について以下のような大変興味深いことが書かれていますので、引用しておきます。

　イギリスなどでは日本とは違ってインテリの読む新聞と大衆が読む新聞は明らかに分かれていて、購読者の比較的少ないいわゆる高級紙は、通勤や外出の際に駅や街角のスタンドで買うか、（購読者が少ないため）郵便で配達してもらうのです。購読者の少ない理由の一つは同じ英語でも、庶民用とインテリの読者相手では使われる言葉がひどく違うからです。日本でなぜ国民が皆同じ新聞を読めるのかという理由は、識字率が高いということの外に、日本語という言語に、階層差がないことも大きく貢献していることはあまり知られていません。

（p. 150）

私は、英国で学外研修をする直前まで、大学の英文科で「英語音声学」の授業を担当していました。研修を終えて再度この授業を担当することになった時には、さぞそれまでよりも質の高い授業をすることができるであろうと考えておりましたが、現実はそうではありませんでした。学生に胸を張って「英語音声学」を教えることに違和感を覚えて、担当を降りることにしました。

外国語として英語を話す人たちは、必ずしも教科書通りの模範的な英語を話す必要はないものと考えています。勿論、英語の母語話者が話すような本場（?）の英語が話せたり、書けたりできることに越したことはありません。しかし発音が母語の影響を受けて、日本語訛の英語に聞こえても、表現が母語話者からすれば多少違和感のあるものであったとしても、自分の言いたいこと、相手に伝えたいことが発信できる程度の語学力を身に付けていることが、言語を学ぶ者にとって最も大事なことであると、海外での生活経験を通して認識しました。

日本語の特性

ご飯とライス

皆さんはご飯とライスが同じものであると考えてはいませんか？　確かに和英辞典には「ごはん」の訳語として“rice”ないしは“boiled rice, cooked rice”と書かれています。普通riceだけで十分であると言われます。“boiled rice”も“cooked rice”も炊いた米のことです。しかし“boiled rice”ないし“cooked rice”と表現した場合、日本の食事情を全く知らない外国の人は、日本風の湯気の立っているような白いご飯ではなく、バターなどで炒めたものやスープの具にしたようなものを思い浮かべることでしょう（ウィズダム和英辞典）。「ごはん」と「ライス」に限らず日本語と英語では、多くの点において誤差があります。特に、人が生きて行く上で大事な衣食住を表すものには、それぞれの生活様式が言語上にも明確に反映されています。

英語の“rice”には、日本語の「稲、米、飯《めし》、ごはん」などの訳語が対応します。日本人は昔から米を主食としていました。そのため米について、その成長段階や処理過程において個別の名称を付けて区別してきました。このことからも明らかなように日常生活や文化的に重要なものについては、細かく分類されていることが分かります。日本人にとって「米」と「稲」、「飯」は全く別物なのです。それに対して英語圏の人々にとっての「米」は、それほど重要な物であるとは考えられてきませんでした。そのため rice という1語ですべてを済ませてしまっているのです。それでも恐らく不便だとは感じていないでしょう。皮肉なことですが、米をそれほど大切なものであると見なしてこなかったアメリカに日本語では「米国」という漢字を当てているのです。「米」は日本人にとって、極めて大切なものですから、さまざまな表現に「飯」が引き合いにだされます。生活ができなくなることを「飯の食い上げ」、生活を立てるための手立てを「飯の種」、生計を立てること、生活することを「飯を食う」などと言います。

最近、日本人の食生活が西洋化されて来ていることもあって、概して「米」を食べなくなっていると耳にしますが、大変危惧をいだいています。パンやパスタなどの材料となる小麦は、必須アミノ酸スコア（タンパク質の栄養価を示す指標）が37点であるのに対して、「米」は65点です。20種類のアミノ酸がありますが、そのうち人や動物が体内で作ることのできない9種類を必須アミノ酸と言いますが、その必須アミノ酸はたんぱく質として食事から摂らなければなりません。米の方が遥かに小麦よりも含有量が多いのですから、パンやパスタ、麺類に偏らずに、もう一度、米のことを見直して、バランスのとれた食事を心掛けることが望ましいと思います。昔から日本人が「米」を主食としていたことは理に適っていたのです（からだカルテ https://www.karadakarute.jp/hlp/column/detail/221 と厚生労働省の e－ヘルスネット）。

それでも「ご飯」とカタカナ語の「ライス」とは同じものなのでしょうか？　ご飯と言えば、日本の一般家庭の食事風景を思い起こさせますが、ライスと言えば、レストランで西洋料理に添えられる米飯のイメージが強いですね。ご飯からは、茶碗に山のように盛られて、何杯でもお代わりができるような家庭的な雰囲気が伝わってきますが、ライスからは、平たい皿に盛られ、フォークとナイフで食べ辛そうに食べる情景が思い浮かんで来ます。

ある時、ラジオを聴いていると、レストランでアルバイトをしているという女性従業員が、客から注文を取る際に、「パンにしますか？　ご飯にしますか？」と言ったのを上司が聞いていて、叱られたという話がありました。それではなぜ「ご飯」と言って上司にとがめられたのでしょうか？　上司の言うのには、うちのレストランでは、ライスのお代わりは認めていないということでした。つまりライスと言えば、お代わりなしという暗黙の定義があるということなのです。その点、ご飯と言えば、個人食堂を思い浮かべるように、お代わりすることが許されているという含みがあるのです。

日本語の豊かな文字体系

日本語には、通例カタカナで表記される語があります。カタカナ語と呼ばれています。特に欧米から入ってきた外来語や日本で外来語を模して造られた和製外国語がそのように表記されます。英語圏では26文字からなるアルファベットのみで英語を表記することができます。それに比べて日本語では、漢字と2種類の仮名（ひらがな［平仮名］、カタカナ［片仮名］）、そしてローマ字というたくさんの文字の種類が用いられています。漢字は、1字1字が一定の意味を持つ「表意文字」に分類されて、仮名とローマ字は1字1字が語の音（＝読み）を表す「表音文字」に分類されます。そのために漢字の読み方は複雑で、「音」読みと「訓」読みがあります。「音」とは、昔の中国の発音が日本に伝えられたもの。例、山の音はサンとセン（新明解国語辞典）。「訓」とは、その漢字の意味に当たる固有の日本語を当てた読み方で、社会習慣的に定着しているもの。例、漢字「山」に対する「やま」など（新明解国語辞典）。

ひらがなもカタカナも漢字から作られた文字です。ひらがなは、漢字の草書体から作られたもので、カタカナは、漢字の一部分をとって作ったものです。そのため平仮名は曲線的で柔らかい字形であるのに対して、カタカタは角ばった印象を持ちます。ひらがなは続け字が可能ですが、カタカナは文字の成り立ち上、それができません。本来、日本語は右から左、上から下へと文字が書かれます。そのため漢字やひらがなには続け字が用いられますが、西洋風に横書きされて左から右に書くような場合には、英語の筆記体とは違って、続け字はできません。

また、作家・吉村昭が取材の時に、相手の話を筆記する際に、ひらがなよりも早く書けることから、カタカナをつかったというのも頷けます（谷口桂子．２０２２）。

表音文字は、音素文字（segmental）と音節文字（syllabary）とに下位分類されます。日本語の「仮名」はローマ字でkanaと表されますが、/ka/と/na/という2つの音のかたまりに分けられます。/ka/ は文字のレベルでは /k/ と /a/ にさらに分けることはできますが、しかし日本語の「か」や「な」の文字はそれのみで一つの音を表す単位として扱われて、それ以上分けることができない音声を表す文字なのです。そのような文字は音節文字と呼ばれます。/ka/ は1つのまとまりのある単音（最小の音声単位）の連続として一気に切れ目なく発音されます。

一方、ローマ字は、英語などで用いられているアルファベットを用いて日本語を表記するのに用いられる文字です。古代ローマ帝国で用いられていたラテン語を表記するのに用いられたラテンアルファベット（the Latin alphabet）ないしローマ字（the Roman alphabet）に由来し、日本語ではローマ字と呼ばれているのです。ローマ字での表記は、用いられる文字の数が少ないことから、表記が容易であること、外国人にも違和感なく受け入れられやすいという長所があります。一方、日本語には同音異義語が多いことから、ローマ字表記された文は、すべて仮名書きされた場合と同様、意味の解釈にひと工夫を要します。一昔前のことですが、電報文はすべてカタカナで表記されました。そのため結婚式場で、司会者は届けられた祝電のカナ文を漢字混じりの文に書き換えていたことが懐かしく思い出されます。

このように日本語では多種の文字が用いられるため、日本語を学ぼうとする外国の人々には、特に日本語の書き言葉は難しいものと感じられることでしょう。

省略好きの日本語

日本語では、長い名前は好んで省略するという傾向があります。例えば、俳優の松平健は「マツケン」と愛称で呼ばれ、小田原急行鉄道が小田急電鉄となり、「小田急」と略称で呼ばれ、同様に東京急行電鉄が東急電鉄となり、「東急」と呼ばれるなど。特に、長いカタカナ語も頻繁に省略して表わされます。例えば、アニメ（アニメーションの略）、アパート（アパートメントないしアパートメントハウスの略）、ノート（ノートブックの略、なお英語でnoteは「メモ、覚書」の意味）のように、多くは語の頭の部分を取り出して用いています。また、パーソナル・コンピュータ（personal computer）をパソコンとするように、2語の各語頭の一部分を摘み取って1語に省略して表すこともあります。その上、ノート型パソコン（ノートパソコンとも言います）のように、カタカナ語の間に日本語を挟んで造語するものもあります。いずれにしても英語ではportable personal computerとかnotebook-size personal computerと言います。このように日本語では語の頭の部分を残して、その後の部分を省略するという方法が多用されますが、それは伝統的な日本語の手法と言えるかも知れません。俳句もその一例と考えられます。

俳句は5・7・5の17音で作られます。31音から成る連句（2句以上続ける俳諧のこと）は長句（5・7・5）と短句（7・7）から形成されますが、その長句のみが独立して俳句になりました。散文は、語を継ぎ足して説明的かつ簡明に書き表すために文法的に正確な長い文になりがちです。

それに対して世界一短い詩である俳句では、17音の中で相当広い世界を表現することもできますし、人の心中に浮かぶ微妙な印象や思いを巧みに表現することもできます。

語数ないし音の数が少ないと、すべてを言葉で描写することができませんので、その限られた表現をもとにして、人の感性や想像、イメージがそれを補塡して解釈するという効果がもたらされます。つまり日本人の間で、空白や余韻に意味を持たせるという考え方が定着したのです。

日本料理では、料理を皿一杯に盛り付けるのではなく、皿の上に余白を残すように僅かずつ盛り付けて、味のみならず絵画のように目でも料理を楽しむような趣向が凝らされています。俳句も説明的な表現ではなく、17音の中に伝えようとする情報が不完全なものとならないように、必要最小限の情報が込められているのです。

研ぎ澄まされた草案

17音で表現される俳句には、季語が含まれて季節感が漂い、その季節感と描写される情景が鮮やかに映し出されることから、俳句は究極の美であると感じています。私たちが知る松尾芭蕉の名句を芭蕉が一気に捻《ひね》ったものと考える人がおられるかも知れませんが、決してそうではありません。時折、俳句を作るためにメモ帳に思い浮かんだイメージを書き留めている人を見掛けることがあります。また、スケッチブックに風景を写生している人を目にすることもありますが、それらの人の多くは、そのメモ帳やスケッチブックに書き溜めておいたものをもとに、後で丹念に時間を掛けて作品に仕上げるものと思います。その人たちと同様に芭蕉も何度も句を練り直す作業を繰り返しました。そこで一例として山形県山形市に在る立石寺（通称、山寺）で詠んだ「閑《しづか》さや岩にしみ入《いる》蝉の聲《こえ》」の句を取り上げてみようと思います。

この句になるまでに4回書き替えられました。

（1）「山寺や石にしみつく蝉の聲」

（2）「淋しさの岩にしみ込《こむ》蝉の聲」

（3）「さびしさや岩にしみ込《こむ》蝉のこゑ」

そして、

（4）「閑《しづか》さや岩にしみ入《いる》蝉の聲《こえ》」

に落ち着きました。いずれの句にも「蝉の聲」が含まれています。初案（1）のみが「石」となっていますが、それ以外は「岩」に替えられています。山寺の巨大な石は単に「石」では心許ないと感じられたのか、巨大な「山のような石」、つまり「岩」に替えたのかも知れません。なお嵐山光三郎（2022）が「中国の漢詩には寺と石、岩と蝉の組み合わせがあり、芭蕉は中国天台寺を幻視していた」（p. 223）[7]と記しているように、芭蕉の俳文は漢文漢詩の影響を受けてはいるものの、芭蕉独自の独創であると見なされているのです。

なお「閑さや」の句は、芭蕉が立石寺へ詣でたのは、伊賀上野時代に芭蕉に句を教えてくれた雅号が蝉吟《せんぎん》であった主君・藤堂良忠《よしただ》を追悼するためであったと嵐山は記しています（2022.

pp. 223–224)。そのような経緯を知ると、上記の4句すべてに「蟬」が含まれているのも肯けます。

ところで蟬の声が「しみつく」「しみ込む」「しみ入る」ことになった「岩」ですが、凝灰岩とされています。(8) 凝灰岩は、火山灰が堆積して固まったもので、表面には小さい穴があいている軽石のような質感の岩石です。蟬の声がその柔らかい表面にあいた無数の穴に吸収されて行く様子が「しみ入る」によって鮮やかに表現されていると思うのですが、皆さんは如何でしょうか？このように草案を練りに練らなければ、そして捻《ひね》ることをしなければ、名句は生まれないのです。「石」と言えば、那谷寺（石川県小松市）で詠まれた「石山の石より白し秋の風」も芭蕉の名句の一つですね。

心を伝える挨拶

基本としての挨拶

学校教育にあって、私の経験では、小学校から高等学校までは、学級委員や当番の生徒が、「起立、礼、着席」の号令を掛けて、授業の始めと終わりに、先生と挨拶を交わしました。伝統的に師を敬うという礼節を重んずる日本社会の特長を反映したもので、素晴らしい伝統であり、習慣であると思います。それは武士道の精神にも相通ずるものがあります。

授業の始めにする「礼」は、学生や生徒の側からすれば、《よろしくお願いします》、教師の側からすれば《しっかり教えますから、しっかり学んでくださいね》という思いを暗黙に伝え合っているのではないでしょうか。教師にとって授業で教えるということは真剣勝負なのです。また教えることを生業とするからには、そうであるべきなのです。

授業の終了時の「礼」は、学生や生徒からすれば《教えて頂いてありがとうございました》、また、教師からすれば《よく学んだくれましたね。ありがとう》という気持ちを挨拶に込めているものと解釈してきました。

ところが大学では、ほとんどこのような挨拶が行われていないようです。人に会ったら挨拶をするということは、基本中の基本であると思うのです。大学生はもう子どもではないから、そのような堅苦しい挨拶は必要ないと考える人は恐らくいないのではないでしょうか。私の恩師である菅原俊也先生は、大学の授業の始めと終わりに、必ず「起立、礼、着席」の挨拶を行っていました。最初の授業の時に「この授業では、礼に始まって礼に終わることにいたしましょう」と学生に伝えておられました。毎時間、教室の最前列に着席している学生が号令を掛けることになっていました。「習慣は第二の天性なり」と言いますが、菅原先生の授業では、挨拶で始まり、挨拶で終わるということが、次第に学生たちの性行に深く染み込んで行くようになりました。年齢や立場に関係なく、人として最も大切にすべきことを、改めて教えて頂いたと思います。

挨拶の意味

嘗て私は千葉県松戸市にある聖徳《せいとく》大学に赴任したことがありました。当時、そこで稀有な経験をすることができました。学長の川並弘昭先生が、教員会で「授業の始めと終わりには、必ず『起立、礼』を徹底して行うようにしてください」と仰ったのです。先に述べた菅原先生にも感動しましたが、大学を挙げて挨拶を奨励するという、このような立派な大学が存在するということに心から感激しました。学生たちは大学構内で擦れ違う人には必ず「こんにちは」と明るい声で挨拶してくれるのです。まさに「和を以って貴しと為す」（他人との調和が大切である）という聖徳太子が制定した憲法十七条の第一条に基づいて「和」を建学の理念としている学園ならではの「礼」を重んじる教育方針であり、実践であると思います。

挨拶は「交際を維持するための社会的儀礼」（日本国語大辞典）と定義付けられているように、人が互いの存在を認め合い、尊重し合うための基本的な作法です。また、挨拶は、人間関係をより円滑にし、相手に対して敵意を抱いていないという意思を互いに確認し合うという行為でもあります。しかし元々「挨拶」[9]とは、現在のように庶民が日常的に行うものではなく、禅宗で師と修行僧、そして修行僧同士が出会った際に問答を交わすことで、相手の悟りの深さを試すという大変重い意味で用いられていました。その後、それが一般化して日常的に広く用いられるようになったのです。

挨拶の仕方にも国民性や民族性が表れます。日本人は挨拶の言葉を掛けながら、お辞儀をします。一方、西欧人はお辞儀をせずに相手の目を見つめて笑みを浮かべて言葉を交わします。日本人が頭を下げるのは、相手に敬意を表すという意味の表れです。相手に尊敬の念を抱くことを「頭が下がる」と言いますが、お辞儀をするということは、元来、そのような気持ちを相手に伝えるためなのです。時には電話で相手と話しながら、その場に居ない相手に繰り返しお辞儀をしている姿を見掛けますが、言葉と動作とは切り離せないものなのです。

いずれにしても、挨拶を交わすことは、人と人とを結び付けるための言語による接着剤に相当する大事な行為ですから、大切にしたいものです。

「ありがとう」

日本語では、相手に感謝の気持ちを伝えようとする折に、「ありがとう」（有難う）と言いますが、この言葉は「ありがたい」（有難い）に由来します。つまり存在することがむずかしいということから、相手から受けたその行為や事柄が、めったにないほどに尊いものであることを相手に伝えようとする、その心の籠った言葉なのです。

同様に、相手に感謝の気持ちを伝えようとする時に「すみません[10]」という表現も用いられますが、注意して使う必要があります。この言葉を使う時には、自分は相手の行為によってそれなりの利益が得られたので、そのことに感謝します。しかし自分のためにその行為をしてくれたために、相手の人が不利益を被ったような時や相手の人に面倒を掛けてしまったような時にお詫びと共に軽い感謝を表すために「謝罪します」という、相手を気遣う意識が根底に働くのです。自分のために相手の人が大切な時間を割いてくれて、迷惑を掛けてしまったような場合です。例えば、「昨日はお忙しいところをお時間を作ってくださりすみませんでした」と相手に伝えることは理に適っています。注意しなければならないのは、このように謝罪のニュアンスが含まれる「すみません」（「済まない」の丁寧語）は、必ずしも常に「ありがとう」と類義表現ではないということです。例えば、ホテルのチェックアウトの際に、従業員が客に「この度は私どものホテルをご利用いただきましてすみませんでした（≠ありがとうございました）」とは言わないはずです。

以前、アメリカ人が書いた英語のテキストに、次のようなことが書かれていました。そのアメリカ人が憧れの日本にやって来て、成田空港に到着したその時に、ある日本人男性が知人と思われる人からプレセントを受け取っている光景を空港ロビーで見掛けたのです。その男性はそのプレセントを手にしながら、さかんに「すみません、すみません」と頭を下げて謝っていたのです。物を貰うのに、どうして詫びているのか、不思議でならなかったと言うのです。その著者は、アメリカで数年間日本語を勉強して来日したのですが、「ありがとう」と言うべきところを、どうして「すみません」と言っているのか、不思議でならなかったそうです。やはり本場の日本語は外国で学んだ時とは違うのだと考えて、しばらくの間、"Thank you." のことを日本語では「ありがとうございます」ではなくて、「すみません（でした）」と言うのだと勝手に思い込んでしまったそうです。

言葉は豊かな人間関係を築く

どのような言葉を用いて表現するかによって、相手に伝わる印象が違うのです。ある場面や状況で決まって用いられるような慣用的な言い回しがありますが、自分が心から相手に届けたいと思っている気持ちがそのまま届くような言葉や表現を選んで用いたいものです。そのためには、言語表現にこだわって、的確な表現ができるように、日頃から言語感覚を十分磨いておくことが望まれます。言語に興味を持つようになると、ちょっとしたことでも辞書に当たって確認してみるようになります。人が書いたものを読んだり、人が話すのを聞いたりする時にも、どのように書かれて、どのように話されているのか、その表現の仕方に注意の目や耳が注がれるようになります。小説を読んでも、単に物語の筋を追っていくことに止まらず、どのような語を選んで、それをどのように表現しているのか、それを考えながら読み進むことも、この上ない小説の味わい方であり楽しみ方ではないでしょうか。

私たちが用いている言葉は、私たちの心を積み込んだコンテナのようなものなのです。どのようなコンテナに私たちの心を載せて相手のところまで送り届けるのか、言葉や表現を慎重に選ぶように心掛けて、豊かな人間関係を築いて、それを持続させたいものです。

日本人の心

コミュニケーションの基本

以前にも増して近年、コミュニケーション能力が重要視されるようになりました。コミュニケーションとは、言葉や文字、身振りなどによって、様々な情報や考え、思い、感情などを人に伝えようとする行為です。情報を発信する側には、様々な情報を的確に人に受け取ってもらえるような伝え方ができる、そのような表現力を身に付けておくこと、それと同時に情報を受信する側においても、きちんと理解するための言語能力を備えていることが要求されているように思われます。

コミュニケーションを成立させるための背景には、人と人との間で信頼関係を築くことができるような人間性を備えていることが最も大切なことです。相手のことを尊重することができるためには、自分自身をも相手から尊重されるような人生修業を心掛けていることが望まれます。決して自分の意思を曲げて、相手にこびへつらうということではありません。相手の考えにきちんと耳を傾けて、評価すべきことは評価し、意見が異なるような場合には、こちらの考えを道筋立てて説明するという、真摯な態度で対応することが大切です。

以心伝心

昔から日本人の間では、「以心伝心」という、心から心へ考えを伝える独特な伝達の方法が用いられてきました。話さなくても分かるはずだというコミュニケーション法は、日常的に共通点の多い生活様式を持つ社会であったならば、有効な伝達法であると言えます。しかし近年、様々な国籍や民族の人々、異なる宗教を信仰する人々、異なる生活様式や文化の中で育った人々など、多様な人々が、長期ないし短期を含めて日本で生活するようになっています。そのような多種多様な人々との間では、言語を介さない以心伝心は全く無力な伝達法となるのです。

以心伝心のコミュニケーションは、すべての日本人の間でこれまで本当に誤解が生じることなく円滑に行われていたのでしょうか。実際には言葉を用いて具体的に伝えなければ、相手には分かってもらえないことが多いのではないかと思います。日常的に習慣化されて定着しているようなことであれば、すでに共通理解の基盤が成立しているのですから、理解に大きな誤差が生じることは少ないと思われます。一昔前のドラマの光景ですが、家庭内で夫が妻に「おい、お茶」、「おい、風呂」のような骨格だけの表現で要求する場面を見掛けたことがあります。この最小限の言語表現は、ごく限られた人間関係とごく特定の状況においてのみ、その発言の意図が相手に理解されるのであって、誰にでも、何処でも通用するというものではありません。つまり最小限の発言が理解され得るのは、気心が知れた相手同士や限られた状況を共有できる人の間でのみ可能になります。人は親しみの度合いが高まると、交わされる言葉が短くなったり、最小限の言葉数になったりする傾向があります。上記のような発言は今や市民権を失った古き時代の遺物のように感じられます。

しかし交通手段や通信手段が発達したことで、人の頻繁な往来、急速な情報の授受を背景として、現代の世界において、日本はもはや海によって隔てられた島国ではあり続けられなくなっています。日本や日本人を取り巻く環境が大きく変化している現時点で、私たちには、これまでの意思疎通の方法について見直す時期が来ているように思います。しかし互いに理解し合おうとするような同胞意識の強い、古き良き日本人の心の在り方が今後も維持されることを願っています。

持て成し

近年、外国からの観光客が高く評価している「持て成し」の心は、日本ならではの相手を敬い、相手の側に立って考え、相手に喜んでもらえるような応対をするという、異文化的なそのような細やかな気配りや心遣いが多くの観光客に感動を与えているものと思います。そのような日本的な接し方は、西欧の国々のように、すべて言葉で表現して意思疎通を図ろうとする、発せられた言語表現がすべての根拠になるという言語本位の世界で生きる人にとっては、異文化に相当するのです。そのような「持て成し」の心は、第一に人の「心」というものを大事にして、相手に思い遣りのある態度で接して、対応しようとする我が国が築いてきた文化の表れであるのです。「持て成し」とは「①〔客の〕待遇。『心のこもったおもてなし』②〔客に対する〕ごちそう。『なんのおもてなしもできませんで失礼いたしました』」（三省堂国語辞典）と書かれています。つまり大切な客に敬意を表し、謙遜の気持ちを伝えようとするものです。そのような心配りないし気配りに、客は、決して不十分な接待を受けたとは考えないでしょう。

言語本位の英語

一方、言語本位の社会の中で発達した英語では、発せられる文には主語を表さなければならないという、文法的な決まりがあります。それは発せられる言葉が伝達される情報のすべてとなるからであると考えます。そのため動詞によって表される動作、作用、存在などの主体となる「何が」「誰が」という情報について明らかに表現する必要がある、そのような発想を母語話者たちはその歴史の中で持ち続けているのです。

「雪が降る」と言う時にも〝It snows.〟（〝Snow falls.〟や〝We have snow.〟の表現も可能です）のように表現されますが、仮に〝Snow.〟1語だけであっても何を言いたいのか、状況判断によって相手の人に理解してもらうことができるはずですが、文の形式を整えるために、非人称の it が添えられているのです。it はそれ自体、動詞 snows の主語であるということ以外に意味情報的には何の意味をも持ちません。そうであってもそのような文化圏の人々と意思疎通を図ろうとする時には、そのルールに則った表現形式を用いることを心掛けることが大切です。

なお日本人の間でも重要事項を明確に伝え合うような時には、主語を明示して言い表すことが当然あります。

日本語での発想と英語での発想

日本人と木

イギリスとアメリカを比較した場合、歴史の浅いアメリカでは、お金さえ持って行けば、楽しい旅を満喫できると言われます。イギリスを訪れる時には、歴史についての豊富な知識を持っていると、国中の至る所に歴史の舞台が今なお残っていることから、書物で読んだことのある歴史上の人物や事件のことが目の前で蘇ってきます。

日本では、歴史的な建造物は木で建てられているため、時間の経過に伴って、朽ちてしまいます。そのため奈良や京都の神社や仏閣を除くと、多くの場所を訪ねてもそこには石柱や立札が立てられているに過ぎません。それに目をやって「この場所に……があったんだ」などと、実感の湧かない思いを馳せるのみです。

それに引き替えて石の文化を誇るイギリスでは、歴史上の舞台となった建造物の多くがほぼそのままの形で残っていることは見事としか言いようがありません。とは言え、昔から木と共に、木に囲まれて生活してきた日本人には、木が持つ柔軟性や心地よい肌触り、温かみなどを好むという民族的な習性が代々受け継がれているのです。それが何にも代え難い貴重な特性であると考えています。元来日本は木の文化の国なのです。

しかし近年、特に都市部では、木造建築に代わって鉄筋コンクリートの建物が主流を占めるようになりましたが、そのことによって、そこで生活する人たちのものの見方、考え方、価値観などにも変化が生じているのではないかとふと思うことがあります。江戸から明治にかけて、欧米の影響を受けて、着物を着ていた日本人から、着物を着なくなった日本人へと変容したことによって、長年続いてきた人々の生活様式や行動は一変しました。日常的な生活空間や生活環境の変化が人に与える影響は計り知れないものがあります。そのような極端で急激な変化はもたらされないかも知れないのですが、コンクリートの建物の中で生活することが多い人々から、本来木が持つしなやかさや温もりの感覚が奪われてしまわないかと懸念しています。日中都会で仕事をする人が、一日の仕事を終えて緑が残る郊外の自宅に戻るとホッとする気持ちになるのは木に囲まれて心地よく生活していた本来の日本民族が持つ習性が関係しているためではないでしょうか。

「はい」と「いいえ」

中学1年の時に英語を習い始めましたが、その時の教科書であった三省堂の *New Prince Readers* の Lessen One に以下のような英文が載っていたのを覚えています。初めて学んだ英語が次の2つの文でした。

This is a fish.
This is a dish.

そしてその次のページには、以下の疑問文と応答文が載っていました。

Is this a fish? – Yes, it is.
Is this a dish? – No, it isn't.

その時、「そうか、英語では『はい（yes）』と『いいえ（no）』を必ず文の先頭に付けるんだ」と思ったのを覚えています。つまり"Yes"なのか"No"なのかを先ずはっきりさせるという、その意思表示ないし発想こそが英語の世界の基盤を作っていることを後になって種々の事例に触れることで確認することができました。

英語を含むゲルマン諸語を話す民族は、動物を狩ったり、魚を捕ったりして生活の糧にしていました。そのため狩りで家を空けることが多かったようです。狩りは水物ですから彼らに、獲物が「獲れるか、獲れないか」という二分法（dichotomy）の考え方が定着したのかも知れません。他方、日本語を話す民族は、主に河川の流域に住んで、米や麦などの穀物を栽培して生活をする農耕民族であったと称されています。そのため多くの人々は一定の場所に住んでいたと言われます。すると日常生活において移動することが比較的に少ないため、同質の生活空間の中で生活していることから、必ずしも言葉によって白黒をはっきり付けるという必要がなくなる訳です。極力、人との摩擦を避けようとする生活態度が身に付いた結果、「はい」と「いいえ」の意思を明確に言い表さないという言語習慣が定着したものと考えています。

日本語は難しい？

ともすると日本語が他の言語と比べて難しい言語であると考えている日本人が多いのではないでしょうか。日本語を流暢に話す外国人に「あなたは難しい日本語が上手ですね」と言っているのを耳にしたことがあります。同じようなことを私も英国で言われた経験があります。しかしその時には「〝難しい〟英語」とは言っていませんでした。日本語には助詞の「て、に、を、は」がありますので、外国人がそれを修得することは容易ではないようです。勿論、（日本人も同様ですが）漢字を覚えることにも苦労しているものと思います。

日本人が英語を学ぶ際に、母音の種類が日本語よりも多いこと、日本語にない子音があることなどの言語差が存在することも注意を要する事柄ですが、日本語の音韻の基本的な単位となっている拍（子音（C）＋母音（V）の構成）の特徴が、英語を学ぶ際の足かせになります。英語のstrike［stráik］は1音節の語ですが、日本語のカタカナ語のストライクになると［ストーラーイーク］（su-to-ra-i-ku）のように5拍で発音されます。英語の語頭の［str］は三重子音ですから［s］と［t］の子音の後に母音は付きません。語末の［k］の後にも母音は発生しません。このような日本語の大半を占めるCVの音韻単位が初心者にとって英語学習の妨げとなるのです。従って、そのような言語に慣れていない外国人が日本語を話す際には、私たちの場合とは反対に、必ず子音の後に母音［ア、イ、ウ、エ、オ］を添えるということには違和感があるのではないでしょうか。

これらの異言語の言語特徴の差異とは別に、多くの外国人が日本語の難しい点として挙げるのは、①音声化されないところに意味が含まれること、②表現されても文字通りの意味と異なる意味が含意されるということです。①の例として、暗黙の了解（＝言葉に出して言わなくても気持ちや考えを察すること）が挙げられます。②の例としては、人から何かを頼まれたような時に、「考えておきます」と応えるような場合の「考えておく」という返事には、その依頼を受け入れないという否定を意味することがあります。外国人にはこれらの表現行為こそがむしろ難しいと言われます。

言語と発想

言語はその話者たちの発想の仕方を顕著に表していると言えるのです。その言語を用いる人々にとって最も都合が良いような表現方法が用いられるということです。つまり個々の言語には、その言語を主に用いる民族の生きざまそのものが投影されているのです。そのためある言語を学ぼうとする際には、その言語を形作っている言語要素や言語構造についてきちんと正確に学ぶことが必要であることは言うまでもないことですが、その言語の根幹の部分について詳しく知ろうとすることがとても大切なことだと思います。たとえて言えば言語は木の枝であり葉に相当するのだと思います。枝や葉について論じることは無論大切なことですが、その枝や葉がどのような幹や根っこから生えているのかを見極めることがさらに大切なことのように思われます。幹や根は、その言語を話す人々やその人々が生活を営む社会や文化に相当します。その幹や根っこの部分からその言語の特性やそれを用いる人々の独特な発想が生み出されるのではないでしょうか。

以前から、なぜ中国は、日本と比べてコンピュータの普及率が高く、コンピュータを駆使した技術が様々な局面で活用されているのかと疑問に思っていました。ある時、中国語を専門とするある教授に聞いたことがありました。中国語の母語話者は、コンピュータと同様に「0」と「1」のような二分法の発想をしていることが、コンピュータを受け入れ易い環境を作っているのではないかと仰っていました。

2人の競技者が白と黒の2色の石を交互に盤上に並べて、最終的に自分の石で囲んだ領域が広い方が勝ちになるという囲碁を創り出したのが中国人です。中国は、その取るか取られるかという囲碁のルールにも似た歴史を展開してきたように思われます。一方、2人で相対する将棋も中国から遣唐使が持ち帰ったものですが、どちらかと言えば、将棋の方が日本人により親しまれていると思います。相手から取った駒を自軍で再生させて使うこと、また「王将」と「金将」以外の駒が敵陣に入って「金将」の資格を得て働くことができることを「成る」と言いますが、将棋は、一度死んだ駒を再生させて活用することや、「歩」のように前に1つずつしか進むことができない駒が、敵陣に入ると「と金」に成って「金将」の働きをするという寛大なルールのゲームです。なぜ将棋が多くの日本人に愛されるかと言えば、このような将棋の敗者復活ないし、陣地に攻め込むと「金将」の如くに前後・左右・斜め前へ1つずつ進むことができる強力な駒に格上げされるということが、日本人が好む発想と整合するものであるからだと思うのです。

ちなみに将棋とチェスの起源は、4000年か5000年前頃の古代インドに遡り、4世紀頃ペルシア（イランの旧名）に渡ってチャトランガと称されるようになったと言われますが（ニッポニカ）、西のヨーロッパへ波及したチェスと東のアジアへ伝わった将棋とは全く異なるルールになりました。チェスにも0と1の考えが反映され、将棋とは違って、一度取られた駒はそのゲームが終わるまで再度使用することはできません。この考え方が欧米人や中国人の発想法の根底に根付いているのかも知れません。

"Yes"は「いいえ」、"No"は「はい」

日本人は、どちらかと言えば、物事に白黒をつけることは好まず、むしろ灰色のような中庸の立場をとることを好む民族であるように思われます。人から問いかけられた事柄を打ち消そうとする場合、できることなら「いいえ」（no）という返事を避けたいと考える傾向があると思います。つまり相手の要望や希望に添えないことを明言することをはばかるという意識を日本人は好んで持つということです。

日本人が英語を学ぶ時に陥りやすい誤りがあります。それは「君は昨日講義に出なかった？」という否定疑問文が用いられる場合、問い掛けをする人は聞き手である君が講義に出席しなかったことを予測してその質問をしたものと捉えれば、「はい、出ませんでした」となりますが、聞き手が「出席したこと」を予測しての問い掛けだと捉えれば、「いいえ、出ませんでした」となります。英語では、君が実際に出席しなかった場合には、聞き手がどのような問い方をしようとも、"No"の答えになります。その論理が日本語の論理と異なることも英語を学習する上で戸惑う一つの要因となります。

つまり英語では、相手が（1）のように肯定疑問文を用いて質問しても、（2）のように否定疑問文で質問しても、「自分」の返事が肯定であれば"Yes"、否定であれば"No"を用いるのです。

（1）Have you a fountain pen?（君は万年筆を持っていますか？）

（a）Yes, I have a fountain pen.（はい、私は万年筆を持っています。）

（b）No, I have not a fountain pen.（いいえ、私は万年筆を持っていません。）

（1）のような否定語を含まない問いに対する答えとしては、英語の"Yes"も"No"も日本語の「はい」と「いいえ」に対応します。

一方、（2）の否定疑問文に対する答えとしては、英語の"Yes"と"No"と日本語の「はい」と「いいえ」とが対応せずに、ねじれ現象が生じます。

（２）Have you not a fountain pen?（君は万年筆を持っていないのですか？）
（ａ）Yes, I have a fountain pen.（いいえ、私は万年筆を持っています。）
（ｂ）No, I have not a fountain pen.（はい、私は万年筆を持っていません。）

英語の“Yes”と“No”は、あくまでも自分本位の応答であるのに対して、日本語の「はい」と「いいえ」は、相手本位の応答となります。つまり相手の質問の形式に寄り添った答え方をしているのです。日本語では、相手の心情を十分慮《おもんぱか》り、相手の意思を尊重し、それに同調しようとする日本人が大切にしている思い遣りの心を持った民族的な考え方をこの表現から読み取ることができます。

ここで取り上げたのはほんの一例ですが、言語を学ぶということは、その言語の根底に流れる母語話者の発想法を十分熟知することが肝要です。そのことを学ぶのには個々の表現に十分注意を払って、辞書で確認するなどしながら、日本語と常に対比して考える習慣を身に付けることが望ましいのです。そのような発想は読書を重ねて、英語の語感を磨くことによって身に付いて行くのです。

英語を書くときは英語で発想する

英文を書く時にも、英語には英語固有の発想の仕方や、論の進め方がありますから、それを重視することが大切です。私は、英語で論文を書く時には、日本語で原稿を書いてからそれを英語に翻訳するということはせず、最初から英語で考え、英語で書くようにしています。その方が書き易いのです。つまり英語には英語固有の発想法があり、日本語には日本語固有の発想法があるのです。それと同様のことをドナルド・キーンも次のように記しています。「日本語で原稿を書く場合、私ははじめから日本語で書く。まず英語で草稿を書き、それを自分で日本語に訳す方式は、どうも窮屈でならない。そもそもむりなのだ、という感じがする」（2022. p. 163）。

第6章　人は皆我が師

研究者としての心得

研究を遂行するための心得

研究とは、石積みの建造物のように、素材を一つひとつ丹念に積み重ねるという地味な作業を地道に続ける行為です。また研究に携わる者は、当面の研究課題について思いを馳せることのみならず、日頃から研究の対象になるような現象や題材がどこかにないかと問題探しをしていることが必要です。また、ある一つのテーマについて研究に取り組み、論文を書いている最中にも、次に手掛けたいと思う新たなテーマが思い浮かぶことが多々あるのです。時には、2つ以上の異なる研究を同時進行することもあります。いずれにしても個々の研究には地道な努力が必要となり、可能な限り十分時間を掛けて、丹念にその知的な作業を進めることが肝要です。発想や類推の精度を高めるためには、それ相応の根拠となり得る事例を実証的かつ具体的に明示する必要があります。「継続的な努力」こそが大きな力と成果を生み出すための必須要件になるのです。

論文を発表するということは、自分が考えたこと、その考えを実際に具体化すること、そして研究によって上げられた成果を他者と共有することです。研究を重ねることで自らの知見を広め、知識を深めることが期待できるのです。山登りに譬えれば、5合目まで登れば、5合目だからこそ目にすることができる光景が見られます。しかし8合目や頂上でのみ見ることができる景色は5合目のその場所では決して見られません。そそり立つ研究ヶ岳の頂上を目指して研究者は日夜研鑽を続けているのです。頂上に登り詰めてみると、また別の頂《いただき》が目に飛び込んでくるものです。次にはその山への登頂を試みたくなるものです。持ち合わせている知識だけに満足することなく、常に真理探究を心掛けている人こそが真の研究学徒なのです。

学徒10の心得

私は、常々、学徒としての心得を次のように考えています。なお、『日本英語教育英学会・会報』（第32号）に掲載された「学徒の心得―挨拶に代えて」の一部該当箇所を左記に引用してみます。

(1)　知を愛すべし

学徒は、学問の研究に携わる人で、未知なるものを既知なるものへと変える仕事に携わる。未知と既知との距離は遠く隔たっている。その距離を僅かでも縮めようとする試みであったり、新たな未知の存在を発掘したりして、それを明らかにしようとする。距離を縮めるための手段は、絶え間ない試行錯誤、精進、そして努力をおいて外にはない。

磯野直秀（慶應大学名誉教授、専門は博物学史）は、「朝9時半の（国立国会図書館の）開館直後、いつもの席に着く。毎日、数十枚書く資料請求票でも『いその・なおひで』とふりがなを忘れない。江戸時代の博物学関係資料を夕方4時半まで調べる。10年以上、週4回は国立国会図書館に通った」（『朝日新聞』２０１２年10月13日）。

(2) 礼節を重んずるべし

研究は人が、人のために行うもの。人とのつながりの中で成り立つものであることを常に認識し、人との関係を重んずることの大切さを知ること。学徒は、自らをひとから信頼されるような人格となることを意識し、自らの行動に十分注意を払うことが肝要である。

(3) 真理を追究することに本分を尽くすべし

研究は、到達点が確認できない長い登り坂で、一瞬下り坂があっても、すぐに新たな登り坂が待ち構えている。求める頂点が高ければ高いほど、そこに辿り着くまでの道程はおのずと険しい。真理に至る道は、急こう配の小道である。知的な肉体労働の持続と継続なくして踏破はあり得ないような、苦難な道である。「稽古は強かれ情識は無かれと也」（世阿弥『風姿花伝』より）。稽古に徹して自分の芸を磨き、慢心することなく努力せよ、という意味。

（４）初心を貫くべし

10人に10通りの初心がある。いつも原点に立ち戻ろうとする姿勢を大事にしたいものである。初心を重んじつつ、その固有の初心を貫徹するに相応しい人生修業の綿密な設計をすることが肝要である。一度描いた設計図は、何度でも繰り返し修正することが可能である。修正の必要性を感じた時は、それが自らの進歩と前進の証であると考えられる。

（５）いかなる事物もその基礎の上に成り立っていることを知るべし

すべてのものが基礎を土台として、その上に形成されている。基礎の上に、さらなる基礎を積み上げる心構えで精進することが大事である。基礎それ自体も、磨けば磨くほどに、鍛えれば鍛えるほどに、ますます確固たる基礎としての質を高め得るのである。そうなれば、単なる基礎の域を脱し、個性豊かな作品へと進化を遂げることになる。

均整のとれた美しい建造物は、それを支え得る基礎の上に建てられていることによって、その美しさが一層増すのである。広い底面を持つピラミッドの安定感は抜群である。底面の広さが天に聳え立つ高さを支えているのである。底面部は基礎そのものである。

書家（日本芸術院会員・文化功労者）の古谷蒼韻《ふるたにそういん》（1924～2018）は、「若き日から多様な古典を学び、独自の芸術の道を切り開いてき」た（米寿記念　古谷蒼韻展資料（2012））。現代書壇の最高峰として指導的役割を果たしているが88歳になっても、毎日の「臨書」を欠かさないというが、その強靭な精神力と自己研鑽の姿勢には尊敬の念を抱かずにはいられない。

(6) 謙虚であるべし

人の言葉には真摯に耳を傾けること。人の業績に敬意を表し、学び訊ねるという姿勢を重んずること。自分ひとりで知り得ること、なし得ることには限りがある。先人が残した業績に敬意を払い、そこから真髄を掴み取り、覆い隠されている真実を掘り起こし、自らの糧とすることこそが、自己を磨くこととなろう。

(7) 確かなことと不確かなことを明確に区別すべし

知ったか振りをせぬこと。自らの無知を恥じることよりも、無知のままで止まっていることこそを恥じるべきである。何が分からないのか、どこまで分かっているのか、どこから先が分からないのかを、自ら判断し、整理できる能力を培う[1]こと。学修・研究するということは、己を律することを可能にするための知的作業である。

(8) 目標貫徹のためには、困窮に耐えるべし

自己研鑽、真理探究のためには、お金の出し惜しみをせぬこと。お金は必要なものに対して、必要な時に使ってこそ、その真価が発揮される。「倹約」と「けち」とは大違いである。研究に

必要な本や資料は多少の無理をしてでも手に入れるようにすべきである。自らの目標を貫徹し、勝利を収めるための武器として十分に活用しようとするのであれば、一時的とはいえども、人の所有物を借りて要求を満たそうとするようなことがあってはならない。

(9) 何事にも慎重に対処すべし

即断・即決・即答は、往々にして誤った判断を導き出すことがある。豊かな経験と弛まぬ研鑽を積むことで、判断の精度をある程度高めることは可能である。しかし十分な検証や熟考をせずに、あらゆる事象や状況について適確かつ的確な判断を導き出せるはずがない。可能な限り熟慮を重ね、得心するまで調べ尽くすという慎重さと根気づよさが望まれる。

(10) 自分が研鑽した成果を還元するべし

研究によって自分を高め、その成果によって他者をも高め得る。21世紀の近代化した生活様式や社会は、すべて先人たちの苦労と努力の上に成り立っているのである。知識や情報は他者と共有することによって、その真価を発揮することができる。公表されない新事実は何の意味もなさないし、そこからは何も生み出されない。学問に携わる者には、一定周期で、研鑽の成果を公表することが義務付けられているものと考えるべきである。

情報を得るために

本を手に入れるために

皆さんは自分が好きなことや興味のあることのためにお金を使うことは、それほど苦にはならないのではないでしょうか？　私は、長年、多少値段が高くても、欲しいと思う本であれば、無理をしてでも手に入れるようにしてきました。私が専門としている研究分野の本は概して値が張るのですが、後先のことを考えないで可能な限り買い込みました。そのため妻や家族の者には苦労も掛け続けました。

若い頃は本を買うために、本務校の他に都内の大学で非常勤講師として教えていましたので、欲しい本を買うことができました。しかし本を買ったとしても、それを読むための時間が少なくなっていたことも事実です。その時間を僅かであっても確保するために行き帰りの電車の中で必死に読みました。時には、読みふけって乗り越すこともありました。他大学で非常勤講師を務めたことで、多くの先生方と知り合うことができました。その先生方の大半が人生経験の豊かな、年長者でしたから、たくさん貴重な情報を得ることができました。専門領域が異なる先生方からお聞きする話は、当時は駆け出しの英語学研究者の私にとって、学問の世界を広げるために、そして自分の専門を客観的に考えるために大変参考になりました。

買った本はすべて読んでいるかといえば、そうではありません。時には1行あるいは1文を確認ないしは引用するために買うこともありました。また、買って手元に持っていれば、いつか役に立つことがあるかも知れないと考えると、「今日、ここでこの本を買っておきなさいよ」と天からの誘惑の囁きが聞こえてくるのです。

時々、学生たちが書斎や研究室にやって来て、書棚の本を目にして「先生、ここにある本をすべて読まれたのですか？」と質問するものですから、「仕事で使う本というものは、身近なところに置いておいて、必要な時にはすぐに手に取れるように日頃からその準備をしていなければならないので、全部を読んではいないんだよ」と答えていました。私は、大学生の時から「英語学」、「英文法」、あるいは「英語史」というタイトルが付いている本は買い集めていました。そのため下宿の壁に立て掛けてあった本棚は本で溢れていました。そのためその当時でしか手に入らなかったような本が手元にあることを誇りにさえ思っています。桜美林大学に入学した時に、創立者の清水安三先生が入学式での式辞の中で、在学中に本をたくさん買いなさいと仰ったことを実践したのです。

嘗《かつ》てある評論家が、自分の蔵書を人に見られるのは、自分の裸を見られるのと同じくらい恥ずかしいことだと語っていました。個人が買い求める本は、その人がどのようなことに興味をもっているのか、何を考えているのか、その思想、思考内容、人間性などの内面的な在り方や関心がその人の蔵書を通して具体化されることになります。私自身が日頃興味を持つことは、表面的には個々に異なって、多種多様なように思われますが、その根底では互いに深く関連し合っていることが、書棚に並べられてある本を眺めると明らかになります。個人的に持つ興味や関心は、予想外に制限されたものであり、極めて限定的です。

夏目漱石（1867〜1916）は、1900年（明治33年）に文部省より英語教育法研究のため英国留学を命じられました。ただしこの留学は英文学研究のためではありませんでした。ロンドンで大学の講義に出席したものの、聴く価値がないとして、メレディスやディケンズを読み漁る日々を送る傍ら、シェイクスピア研究者のウィリアム・クレイグ（William James Craig）教授の個人指導を受けていました。伊集院静（2021）が「クレイグ教授とともにシェイクスピアの作品を紐解《ひもと》き、書店で次から次に買い込んだ書物から〝文体論〟〝表現法〟を学ぶことは、金之助が日本人で初めて近代文学とは何かを探ることになるというのも、勿論、当人は知らない」（上巻：p. 119）と記しているように、ロンドン滞在期間は文豪漱石としての基盤固めの大切な時期でもあったのです。生来の本好きであった漱石（当時は夏目金之助であった）は、ロンドン滞在中に頻繁に書店を訪れては、本を買い込んでいたのです。1902年（明治35年）師走に帰国の旅支度および帰路の船内の様子について伊集院（2021）は、次のように記しているのです。

さあ帰国するか、と金之助は周囲の心配をよそに荷造りをはじめるのであった。やはり半端な量の本ではなかった。トランクにも、荷袋に詰め込んでも始末に負えない。文部省はかなりの数の留学生を公費で各国に送り出したが、金之助ほどの量の書物を買い込んだ留学生はいなかった。

荷積みを手伝いに来た、近所の荷役人夫と馬車の曳き手と助手が、「この街の本を皆持って行くのか？　いっそ大英博物館も一緒に船に積んだらどうだ」と呆れるほどであった。

金之助は書物を人一倍大切にした。本の扱い方なども、まるで生きものを抱くように本を抱くと言われるほどだった。

その大量の書物と金之助を乗せた船が出発したのは、明治三十五年の師走のことだった。日本へ向かう船の中で金之助は書物のリストを見返しては、時折船底へ行き、自分の本がきちんと積んであるかを確認した。

金之助が何度もあらわれるので、船員は「まさか無断でイギリスの美女を積んでいるのではなかろうな」と疑ったほどだ。それが本だとわかると奇妙に思い、それほど本を大切にし、本に逢いに来る者はやはり怪しいと思ったらしい。（下巻、pp. 135–136）

本好きには、このような金之助の本に愛着を感じる気持ちが十二分に理解できるのです。学問に興味と関心を抱く人にとって、書物は何にも替え難い大切な財産なのです。

情報を得るために新聞を追って

ある先生と非常勤校で知り合いになりました。その先生からお聞きしたことを今でも懐かしく思い出すことがあります。その先生は長年電車通勤されていて、近くの座席で新聞を開いて読んでいる人がいると、何気ない風を装ってその新聞の記事に目をやって、もし興味ある記事があれば、それが読みたくなって、その新聞を読んでいる人が、それを折り畳んで、次の駅で下車するような素振りを見せると、その人を追うようにしてその駅で下車し、その人に気付かれないようにあとを追って、その人がゴミ籠に新聞を投げ捨てるのを見ると、すかさずそれを拾って、再び次の電車に乗って、記事を読むようにしているとのことでした。

私は、「先生、もしその人がゴミ籠に新聞を捨てなかったら、どうなさるのですか？」とお聞きしましたところ、その勘が外れることはほとんどない、と仰っていました。「先生にはどうしてその人が電車を降りて、ホームで新聞を捨てるであろうと分かるのですか？」と尋ねると、電車内で、その人がどの程度新聞に目を通しているかを確かめて、大部分の記事に目を通し終えているようであって、それを鞄や手提げの中に仕舞わずに、手に持って下車する人の大半が、その後、不要になった新聞を持ち運ぶことはしないものだと、そのように分析していることに感心させられました。

さらに「どうしてご自分で新聞をお買いにならないのですか?」とお聞きすると、一度捨てられてゴミになった新聞を、ゴミ籠から拾い上げて、再度読んでくれる人がいたら、新聞が喜ぶはずだ、という旨のお答えであったと記憶しています。決して新聞代が惜しいとは言っておられませんでした。先生は経済学がご専門の方でしたが、研究のために必要な情報であれば、どんな手段や方法を用いてでも、それを手に入れたいという、その先生の信念が十分伝わってきました。恐らく、先生は、本とは違って新聞はあくまでも消費物であるとお考えになっていたものと推測しています。先生から研究者の心得について学ばせてもらいました。

新田次郎から学ぶ大切なこと

研究者と作家の共通点

研究は、その成果を論文として公表することから、一種の創作活動にあたります。存在しなかったものを新たに創造するという知的作業で、半世紀あまり研究に携わって来ましたが、実に遣り甲斐のある仕事であると思って満足しています。研究者と作家は、創作活動を進める上で、それぞれが目指す対象や目的は異なっていても、最も近似した仕事を熟《こな》していると思うのです。両者には次のような知的作業が要求されます。

(1)ものを書くためのテーマを設定する。(2)テーマに関係する資料収集を行う。(3)収集した資料の精査、整理、統合、配列、そして思考、推敲のために長時間を費やす。(4)書いたものを定期的に文字ないし音声を媒体として公表する。(5)発表した作品、発表しようとして書き上げた原稿を人に読んでもらい、批評や評価を受ける。このような共通する知的作業が研究者と作家には求められるのです。

日頃、論文を書き慣れていれば、論文制作は楽しいものであり、書き上げると大きな満足感と達成感が得られるのです。多くの学徒が、定期的に論文を書いていないとどうにも落ち着かない、という心境になってくれるようにと老婆心ながら強く願っているところです。研究は自らの能力をより一層高めよう、そして新しい知識を得ようとするための手段の一つです。論文を書き続けるということは、自己啓発のための努力を続けることに他なりません。一時《いっとき》でもそのような研究活動を中断させたり、怠ったりするようなことがあると、その時点でもはや自分を成長させ、発展させることを放棄した自殺行為と見なされます。

松本清張が「長い間長篇を書かなかったせいか、構想が浮かばないのである。どうやら頭脳も訓練をしないと麻痺するようだった」と短編「古本」（2020『死の枝』p. 183）の中で、この小説の主人公の作家・長府敦治について書いていることも的を射ていると思うのです。

また、森村誠一は、「元作家」という肩書を使わざるを得ないようになれば、すでにその時点で「作家ではなくなっている」ことになる、だから自分は常に書き続けていなければならないと、そのような趣旨のことをあるラジオの深夜番組で述べていたのを聴いて強く心を打たれました。

どんな職業であっても、プロフェッショナルとしての仕事人であり続けるためには、ゆっくりであっても、立ち止まることなく、自分が果たすべき任務を遂行することが、最も大切なことなのです。それができる人こそが、その道でのプロとして社会に認められることになるのです。

新田次郎の作品との出会い

私は1975年に甲府のある病院に入院することになったので、『栄光の岸壁』などの新田次郎[2]の小説を数冊買い求めて入院中に耽読することに決めました。それが新田作品との最初の出会いになりました。その時に新田の小説を手に取ったのは決して偶然ではなかったのです。私が山梨の八ヶ岳山麓に生まれ、18歳になるまで、富士山、八ヶ岳、南アルプスなどの山々に囲まれて育ったことが、山を舞台に書かれた小説を読んでみようという気にさせたのです。それ以後、新田次郎はお気に入りの作家になったのです。

二足の草鞋を履き続けた新田次郎

創造することを生業とする作家の創作活動について新田次郎を例に取り上げてみることにします。

2012年8月、新田次郎（2012）『小説に書けなかった自伝』（以下、『自伝』と称する）を携えて1週間ほど久しぶりに帰省しました。この種の本をゆっくり読む時間がめったに持てないため、絶好の機会となりました。以下、同書の内容に基づいて記すことにします。

新田次郎は、1963年に気象庁測器課長に就任し、富士山気象レーダー建設の大事業の責任者となりました。1966年、富士山気象レーダーを置き土産に34年間勤務した気象庁を（60歳定年にも拘わらず、職場の都合で）54歳で退職しました。昼間は、気象庁に勤務し、帰宅後、夕食を済ませ、７時のＮＨＫニュースを聞いてから11時頃まで執筆を続けた、言わば作家は副業でした。

「私はそれまで山を舞台とする小説を好んで書いたが、山を書いているのではなく人を書いているつもりだった。ところがマスコミの方が、私の小説に勝手に『山岳小説』と名付け、私に『山岳小説家』というレッテルまで貼ってくれた」（『自伝』pp. 175-176）と新田は記しています。

１９６１年、新田はヨーロッパ旅行に出発することになりました。その時のことを「……ヨーロッパアルプスと日本の山との相違は単なる地学的なものばかりではなく、山体の形状の差がそのまま人間の思考に微妙な影響を及ぼすだろうなどということを考えるようになった」（『自伝』p. 116）と記していることからも明らかなように、人間そのものに焦点を絞って小説を書いているという姿勢を読み取ることができるのです。

１９５１年（39歳）に「サンデー毎日創刊30周年記念１００万円懸賞小説」に応募した処女作『強力伝』が現代小説部門の１等に入選したことを切っ掛けに、１９８０年２月に亡くなるまで続く彼の作家としての人生が始まったのです。富士山観測所の強力・小見山正をモデルに書かれた短編集『強力伝』（朋文堂）で１９５６年に第34回直木賞を受賞しました。その後も昼間働き、夜書くという、気象庁の役人と作家という二足の草鞋を履く生活が続きました。売れない作家としての苦難、職場での皮肉など、決して恵まれた環境にはなかったのですが、それでも書き続けました。科学小説、時代小説、ジュニア小説、山の小説、海の小説、ＳＦ、メロドラマなど、幅広いジャンルの長編や短編小説を世に送り、新聞や雑誌に連載小説や書き下ろし小説などを精力的に書きました。昼休みには職場から10分ほどの神田の古書店街で古本探しをしました。新聞記事や職場で得た情報や自らの体験に小説のテーマを求めていました。

１９５６年は、自分の仕事の方向付けをしようとした年であったと記しています。そのような年でさえも、18篇の作品と月刊誌の連載小説を手掛けたのです。例年と比べて、執筆の枚数が少なかったとはいえ、それでも月平均１００枚弱は書き上げていたのです。ちなみに新田自らが充実した年と述べている１９５８年には、「百枚の小説を四本も書き、二本の連載を引受けた。その他の短編小説の原稿を加えて合計すると千三百枚、このほかに随筆が月平均十枚ぐらいはあったから、月産百二十枚ぐらいは書いていた」（『自伝』 p. 75）と記しています。〔引用文中の数字表記はすべて原文のまま記載しました。以下、同様〕

数学者で『若き数学者のアメリカ』（新潮社）、『祖国とは国語』（新潮社）などの著者でもある藤原正彦は、新田の次男です。藤原は、「……父は驚異的な量の仕事を残している。ほとんど常時、二つくらいの連載を同時進行させていた。……注文を断ることはほとんどなかったのではないか。その多くは短篇だが、平均して年に二十篇ほど書いている。『夕方七時半以降』の作家がこれだけ書いた例は、他にないのではないか」（「父　新田次郎と私」『自伝』 p. 284）と父親の健筆ぶりを讃えています。また、藤原によれば、新田は１日５枚を日課とし、年１５００枚くらい書いていたとのことです。

尊敬の念を抱くのは、その執筆原稿の量のみではないのです。「私は小説を書き始めて二十年以上になるが、たった一度も原稿を遅らせたことはなかった。これは、約束を履行するために安全率を掛けた仕事をやっていたことを示す以外の何ものでもない」（『自伝』，p. 84）、と新田自らが記しているのですが、この強固な責任感こそが、役人と作家という二足の草鞋[3]を履き続けることを可能にし得たものと思います。仕事ができる人は、一切不平や不満を口にせず、限られた時間を最大限有効に活用して任された仕事を遂行するのです。

新田次郎の執筆姿勢

新田は事実関係を何よりも大切にして、調査と聞き取りを根気強く続けて、それに基づいて作品を書いたのです。自分が訪れたことのない場所や未経験の事柄については、写真や地図を確認し、関係者がいればその人を直に訪ねては事実確認を行いました。まさに研究を手掛ける者にとっても必須となる、粘り強さ、根気強さ、強い真理の探究心がその姿勢から見て取れます。藤原は「じっくり資料を調べ、徹底した現地調査を行い、腰をすえて長篇を書き下ろす、という手法を身につけ、独自の文学を作り上げていった」（「父　新田次郎と私」『自伝』，p. 288）と記しています。

新田は作家であると同時に科学者ですから、理数系の思考法に長けていたものと推測することができます。そのため小説を書く上で、何か特別な工夫を水面下で行っていたのではないかと考えたときに、以下の記述からその答えを見出すことができました。〔なお1958年頃のことと思われます。〕

当時私は短篇長篇に限らずすべての小説を書くに当って次のような作業順序によっていた。

（1）資料の蒐集
（2）解読、整理
（3）小説構成表
（4）執筆

小説構成表というのは筋書きをグラフ化したもので、横軸（時間軸）に相当するものが頁数になり、縦軸には、人物、場所、現象などに適当なディメンションを与えて設定した。人物の相違は色で書き分けた。……

私が小説構成表を用いて書いた小説の代表的なものは「縦走路」であった。「新潮」に[4]八十枚ずつ五回に亙って連載したもので、このための小説構成表は大型方眼紙二枚を張り合せて作り、壁いっぱいに張って、眺めながら書いた。……その後は、このころのような大がかりな小説構成表は作らないでも書けるようになったが、ごく簡単なものは必ず作っている。それができないと筆は取れない。（『自伝』: pp. 82-83）

このように、新田は、建築家が描く設計図や作業工程表にも匹敵するような手順を踏んで、科学者としての特性を生かした小説構成表を作成して、それに基づいて作品を創造していたのでした。

新田は、1966～67年頃には、作品の売れ行きが思わしくない状態下で、作品を書いていたのです。出版社との対応に苦慮する重苦しい沈滞した気分の日々が続き、売れるものを書かねばならないという思いに直面していたのでした。1969年頃に「売れる作品」と「良い作品」との違いについて考え続けていたのです。「『良い作品』とは芸術的価値の高い作品だと定義してもさて、その芸術的価値の尺度がどこにもないから測定しようがない。客観的な価値に委せるしかないということになると、それは読者が判断することになり、絶対的ではないが、読者がよいものだと云ってくれるものが『良い作品』だと一般的には云えそうだ」（『自伝』p. 179）、とは言え「売れる作品」つまりベストセラーが必ずしも「良い作品」とは限らないという現実があることを考慮しつつ、新田は「……いろいろ考えた末、私自身の場合は『売れる作品』即ち『良い作品』であるように持って行こうと考えた。そういう見地で過去をさかのぼってみると、私が書いた長篇のうち『良い作品』は充分な時間をかけて取材し、しかも推敲を重ねたものであるということがほぼ分りかけた」（『自伝』p. 179）と結論付けています。

新田は、数多くの「売れる作品」つまり「良い作品」を書き残しました。新田自身も「こんなに売れるとは思わなかった。……私自身も驚いたが新潮社出版部も驚いたようであった」(『自伝』p. 177)と記しているように、日本アルプスの山々を単独踏破し、ヒマラヤ征服に挑んだ加藤文太郎の生涯を描いた『孤高の人』(上、下)』(1969、新潮社)は、上下巻共に10万部を超えたのです。新田は『孤高の人』がよく売れたことについて自身で以下のような分析を試みています。

(1)実在の人物加藤文太郎を徹底的に掘り下げて書いたこと、つまりモデルがよかった。
(2)急がずに充分な時間をかけて書いたこと。
(3)読者に媚びるような姿勢を取らず、私自身がこれでいいと思うような自由な筆が取れたこと。

(1)については加藤文太郎[5]そのものが、彼の生涯を通してまことに魅力的な人物であったということであり、(2)と(3)は「山と渓谷」という雑誌に連載の場を与えられたことであった。月三十枚の原稿を三年十一カ月間も、黙って掲載させてくれる雑誌はそうあるものではない。……(『自伝』pp. 178-179)

以上、新田次郎の『自伝』を参照して、ひとりの作家が作品を生み出すための苦心の様子、執筆の工程、数々の創意工夫、そして仕事への強い熱意と弛まぬ努力についてその一部を取り上げてみました。作家・新田次郎の生き方は、研究に関っている私たちに、多くの貴重なヒントと勇気を与えてくれるものと確信しています。私たちが『研究』という名の小説を書こうとする時に1人の人間が本来は両立し得ないような2つの仕事に誠意を尽くし、情熱を燃やして、それを立派にやり遂げた、新田次郎という、この大先輩であり大作家から、たくさんの大切なことを学ぶことができるのです。

宮大工・西岡常一の職人魂と知恵

木を知るためには土を知れ

宮大工・西岡常一《つねかず》（１９０８〜１９９５）の存在を初めて知ったのは、私が４年９カ月（１９８２年８月〜１９８７年５月）を費やして50分の１の大きさの薬師寺東塔の木造模型を組み立てて完成させたその頃でした。宮大工の西岡棟梁が薬師寺西塔を再建したのが１９８１年のことでした。

西岡は、祖父であり棟梁の西岡常吉から宮大工としての心構えと技術をすべて教え込まれました。「大工はただ木を組み立てて建物を建てるという仕事を熟すだけではなく、その木がどのような環境で、どのように育ったのか、それをきちんと見極めることができなければ、千年以上雨風や地震に耐え抜くことができるような建物は拵えることはできない」という強い信念を持っていました。祖父の勧めで農学校に進学し、そこでは木を育てる土のこと、植物としての木を通して生命の尊さについてみっちりと学ぶことができたのです。

当初、西岡は、なぜ祖父が自分を農学校で学ばせようとしたのか、そのことが分からなかったそうです。しかし祖父のもとで厳しい修業を積んで一人前の宮大工になった時に、祖父が農学校へ進学させた本当の理由がはじめて分かったと言います。それは木を育てる土の性質を知り、木の癖や特徴について深く学ばせようとしたということでした。正《まさ》しく祖父が長年の経験から得た見識の高い知恵に基づいた適切な判断を下したのです。その思いが西岡の次の言葉に強く反映されています。皆さんの大半は、檜の生命力についてあまりご存知ではないと思いますので、少し長くなりますが引用することにします。

それもただ建っているというんやないんでっせ。五重塔の軒を見られたらわかりますけど、きちんと天に向かって一直線になっていますのや。千三百年たってもその姿に乱れがないいんです。おんぼろになって建っているというんやないんですからな。

しかもこれらの千年を過ぎた木がまだ生きているんです。塔の瓦《かわら》をはずして下の土を除きますと、しだいに屋根の反りが戻ってきますし、鉋をかければ今でも品のいい檜の香りがしますのや。これが檜の命の長さです。

こうした木ですから、この寿命をまっとうするだけ生かすのが大工の役目ですわ。千年の木やったら、少なくとも千年生きるようにせな、木に申し訳がたちませんわ。そのためには木をよくよく知らななならん。使い方を知らななりませんな。（西岡ほか２０２０．p. 30）

千年の木には千年の命がある

西岡によれば、木の命には木の命としての樹齢と山から切り出されて用材として生かされてからの耐用年数の２つがあって、檜の寿命は２５００年から３０００年が限度、杉は１０００年、松なら５００～６００年ぐらい。法隆寺の建物には１３００年前の檜が用材として使われ続けているとのことです。

法隆寺の創建は西暦六〇七年ごろと思われますが、六七〇年に炎上し、再建されたのは私にはよくわかりませんが、少なくとも六九二年以前やと考えられます。ということは今から千三百年前には建てられていたことになりますな。

この建物を昭和十七（一九四二）年に五重塔の、二十年には金堂の解体修理を始めました。創建以来このときまで解体修理はされておりませんのや。それぞれ十年ずつかけて修理したんですが、このときまで部分的な修理はありましたが、千三百年も建物が持っているんですな。（西岡ほか２０２０．pp. 29-30）

西岡は「千年の木には千年の命がある」と言っていますが、１０００年の間、山で成長し続けた木には、用材として使われても、その後１０００年間は持ち堪えられるような強い生命力があるということです。確かに用材として使われる木の部分は幹ですが、その幹はしっかりと地中深くに伸び広がった根に支えられているのです。そこから養分や水分が吸収されて、木全体が生命を保っているのです。木が十分に成長するためには、丈夫な根と、大木に育てるのに適した土が必要であることを西岡は学び取ることができたのです。

「娘を見るより母を見よ」という言葉がありますが、その意味は、結婚相手となる娘の性格について知ろうとするなら、その母親の人柄を見なさいということです。つまり木の性質を見定めるためには、その木が育った土地や森をしっかりと見ることであるということなのです。

研究者としての側面

西岡は、職人気質の伝統的な徒弟制度に基づく修業によって宮大工としての技術と腕を磨いたのです。職人の命でもある大工道具を人一倍大切にしていて、いつも手入れが行き届いた道具にしていたそうです。手入れの行き届いた道具でない限り、良い仕事は望めないと考えていたそうです。弟子たちにも日頃から道具を大切にするように、道具の手入れを欠かさないようにと言っていたのです。このことは職人にとっての基本中の基本なのです。どのような仕事に携わっている人にとっても、肝に銘じておくべき大切な教えです。

西岡は、古代から中世に建材の表面を仕上げるのに使われていた槍鉋《やりがんな》について、様々な資料や文献を調べ、法隆寺などの古代建造物の柱の削り跡を丹念に観察するなどして、とうとう長い柄の先の柳の葉の形をした刃を持つ槍鉋を自らの手で復元したのです。道具にこだわる西岡ならではの離れ業をやってのけたのでした。宮大工としての鋭い観察眼と妥協を許さない仕事への熱意が、研究者を連想させるような名匠西岡常一です。1000年位前に寺院が建造されたその時と同じに木材を設《ととの》えることに強くこだわっての快挙でした。私たちはその職人気質を西岡から学ぶべきなのです。

どの道においても、その道を究めた人には、一流に相応しいような学識が備わっていることを西岡は証明してくれています。観察眼の鋭さ、頭だけで知識を蓄えることも必要なことかも知れませんが、手で覚える、身体で身に付けるという仕事の在り方も忘れてはならないことです。

学校のように口で教えられてもなかなか身に付かない、そのために毎日同じ作業を繰り返しながら、体で技術を覚え、木の癖を覚えて行く、そのような方針で弟子を育てていたのです。まず木ありきなのです。木の癖や加工する具材の形状に合わせて、道具が作られる、その上で技術があると西岡は考えていたのです。宮大工の仕事とは、木の癖を十分に知る、それを組み合わせて堂や塔を組み上げて行くという流儀を弟子たちに身に付けさせる方針を貫いたのです。

仕事への誇りと思い入れ

西岡の生き方、仕事に対する考え方が、実は私たちに多くの貴重なことを教えてくれているのです。その一つが宮大工としての仕事への誇りと深い思い入れです。宮大工としての仕事がない時でも、決して民家は１軒も造らなかったそうです。それには以下のような理由があったと言います。

民家は造ると、どうしてもいくらで何日までに上げねばならないと考えますし、儲けということを考えな、やっていけませんやろ。私はおじいさんが師匠でしたが、絶対に民家を造ってはならん、ときつくいわれていました。

言葉が悪い言い方ですが、儲け仕事に走りましたら心が汚れるというようなことでした。そのために私らは田畑を持っておりました。仕事がないときは田畑をやって、自分と家族の食いぶちをつくれということだったんでっしゃろな。（西岡ほか２０２０．p. 17）

「仏さんに入ってもらう伽藍《がらん》を造ることが宮大工という仕事であるから、宮大工は儲け仕事に手を出して、汚れてはいけない」という強い信念をもって仕事に打ち込んできたのです。自分の仕事に誇りと強い拘りを持って取り組んできたのです。その心意気で取り組んだのが、法輪寺三重塔再建、法隆寺解体修理、薬師寺金堂・西塔再建などの歴史に残る大仕事でした。現存する神社仏閣をくまなく調査し、多くの資料や文献を調べた上で、それらを基にそれまで積んで来た経験と確かな技量、そして鋭い観察眼を合体させてこれらの仕事を見事に成し遂げたのです。西岡の職人魂と仕事に対する並外れた情熱を、仮に職種が違ったとしても多くの人の範として欲しいのです。

西岡は、卓越した腕を持ちながらも、上記のような理由で宮大工以外の仕事を請け負うことは一切しませんでした。このことから学ぶべきことは、私たちが大切にしなければならないのは、自分の為すべきことを常に自覚しつつ、与えられた職務や業務に強い責任感を持つべきであるということです。人はそれぞれ違った好みや価値観を持っています。最も大切なものはお金だ、と言う人もいるでしょうし、生活する上で必要なだけのお金があればそれで良い、という人もいるでしょう。人間としての価値はお金の有る無しで決められるものではありません。約《つま》しい暮らしをしていても、明るく楽しい生活をしている人を知っています。そのような人の多くは、人間性が豊かで、心が温かい人々だと思います。人一倍自分の仕事に誇りと責任と拘りをもっていた西岡に尊敬の念を抱いています。西岡は正《まさ》しく文化功労者の名に相応しい生き方をした「最後の宮大工棟梁」でした。

西岡からたくさんの大切なことを学ぶことができました。西岡は、弟子の職人一人ひとりの特性や癖を見抜いた上で、それを仕事に生かそうと考えていたようです。しかし仕事は人がするものですから、人がバラバラな状態では、纏まりのある仕事はできません。木が1本だけでは林や森にはならないのです。一本一本の木が集まって林や森を形成するのです。しかし個々の木が元気でなければ、健全な林も森も形成することができません。そのような思いから、師匠と弟子、弟子と弟子との間の絆を深めることを殊の外大切にしていたようです。西岡は法隆寺専属の宮大工として仕事を続けて来た人ですから、当然、聖徳太子の憲法十七条の第一条の「和を以《も》って貴《とうと》しと為《な》す」という思想を受け継ぎ、人と人との調和を何よりも大切にしていたものと思います。

私が西岡常一棟梁のことを取り上げたのは、西岡の物の考え方、人間としての生き方、仕事に取り組む姿勢に強い感銘を受けたからです。西岡は宮大工という職業人でありながら、立派な研究者でもあったと思います。

人としての作家・吉村昭に学ぶ

作家としての吉村昭

作家・吉村昭（1927〜2006）には残念ながらお会いしたことも講演をお聴きしたこともありませんでした。吉村の作品を読んで、作品を通して伝わってくる作家の人柄や小説の執筆に取り組む真摯な姿勢などを、私なりに感じ取っていました。波長が合ったということになるのかも知れません。そのためとても親近感を覚えるひいきにする作家の一人です。

洋の東西を問わず、様々な作家の小説やエッセイを読んでいても、そこに書かれている内容が面白いとか、気に入ったということはあっても、その作家に興味を覚えるということはめったにないことです。小説を読むとその物語や作中の人物の会話、書かれている文章などにその作家の人間性が滲み出るものです。吉村は「小説家であるよりも、人間でありたいと述べている」（谷口2022. p. 68）ことから、作家活動や取材の折りにお世話になった人や恩を感じている人には礼を尽くし、大切に親交を重ねていたということです。

吉村について私が考えたり感じたりしていたことは、あくまでも彼が書いた小説から読み取った個人的な印象や感じにしか過ぎず、自分の勝手な想像の域を出るものではありませんでした。しかし谷口桂子（２０２２）『吉村昭の人生作法―仕事の流儀から最期の選択まで』を読んでみて、私が想像していた作家・吉村昭と一人の人間としての吉村昭との間には、ほとんど誤差がなかったのです。取り分け私が吉村に親近感を抱くその理由について谷口を参照しながら記してみることにいたしましょう。

吉村は、作家であると同時に学者としての能力と資質を具えていると思います。最も親近感を覚えるのは、勤勉で努力家であって、小事も決して忽《ゆるが》せにはしないという、慎重かつ丁寧な仕事ぶりにあります。小説を書くのは自分だから、その取材は、人に頼らずにいつも自分ひとりで行っていました。

吉村は、取材とは言わず調査という言葉を使っていたのですが、小説家として責任感が強い人だと思います。いくら魅力のある題材であっても、新しい史料の発掘がなければそれを書く意味がないと考えていたのです。それは自分が書いた小説をただ単に人に読んで楽しんでもらいたいというのではなく、真実を伝え、真実を書き残そうと考えていたことに他ならないのです。世に知られていない埋もれた史実を、自分の手で探し出すという努力を欠かさなかったのです。取材には必ず現地に足を運び、現地に赴いて白紙の状態から取材をはじめたといいますが、それは活字に頼らず、自ら真実の情報を得ようとしたことによるものです。

締切日を守るということは決して容易なことではありません。吉村は、短編なら締切りの十日ぐらい前に、自分で早めの締切りを設定していたといいます。嘗て締切りの三日前になっても、短編小説が一行も書けないことがあった苦い経験を経ての決め事となったのです。

このことを知った時、私の恩師である高橋源次先生（元明治学院大学学長、元桜美林大学国際文化研究所長）のことを思い出しました。先生は、遅くとも締切日の1週間前までには必ず原稿を提出しておられました。先生の姿勢を見習って、私も実際の締切日より1週間前に独自の締切日を定めて、その日までに原稿を仕上げるように心がけました。吉村は特に時間を大切に考えて、小説に専念して締切日よりも早く原稿を仕上げることによって余裕ができた時間は、次の小説の最初の1行を考え抜き、原稿を書き進めるために使ったのです。

吉村が書いた小説の文章は、無駄がなく、引き締まった印象を与えます。内容も然ることながらそれを表現する文章にもこだわりをもっていたように思われます。「吉村自身は、志賀直哉に学び、一字でも少ない文字をつかって、対象を的確に描写することを心掛けていた。志賀の『城の崎にて』は筆写したほどだ。小説は、きらりと光る鋭い表現が一ヶ所あればすぐれた作品になると述べている」（谷口2022. p. 76）。

吉村昭と『冬の鷹』

私は外国語としての英語について学生たちに教え、自らも研究を行ってきました。その間、外国語を修得する難しさを絶えず実感していました。先人たちがそのように困難な外国語をどのようにに身に付けようとしていたのか、そのことを知りたいと考えるようになりました。取り分け蘭学が盛んであった江戸時代中期に人々がオランダ語修得のためにどれ程の苦労をしていたのか、そのことを知ろうとしていた時に、吉村の最初の歴史小説『冬の鷹』に出会ったのです。

前述のように「真実を伝え、真実を書き残そうと考えていた」吉村は、史実を歪めることは一切せず、自らの足で丹念に資料を収集し、それを十分に検証した上で作品を書くという手堅い作家です。その仕事に対する拘りと強い信念が『冬の鷹』の舞台となる江戸時代にタイムカプセルで移動して、江戸と長崎とに足を運んで、そこでまとめ上げた見聞録のような臨場感と迫力の溢れる作品に仕立てているのです。

『冬の鷹』の「解説」で上田三四二が「『解体新書』のこの快挙が吉村昭《あきら》をとらえるのは、吉村の中に、未知のもの、困難なものに立ち向かう人間の姿に人一倍感動する、パイオニア精神ともいうべきものがあるからだ」（『冬の鷹』p. 425）と述べているように、正《まさ》しく吉村の職人気質の片鱗がうかがえる名著です。

また吉村は「世に知られていない埋もれた史実を、自分の手で探し出すという努力を欠かさなかった」と前述したが、もし杉田玄白が『蘭学事始』で書き残している視点のみから『解体新書』の翻訳作業の背景を理解していたならば、『冬の鷹』は到底書かれなかったことでしょう。吉村は誰も書かなかった『解体新書』の翻訳者としては人知れぬ、埋もれた立て役者である前野良沢を表舞台に立たせたのです。

吉村が『冬の鷹』を書こうと思い立った切っ掛けは、医史学会会長の小川鼎三《ていぞう》順天堂大学教授の『解体新書』についての講演を聞いて、前野良沢と杉田玄白の人間としての対比が興味深く思われて、良沢を主人公にした『解体新書』の訳業とその背景について書いてみようと心に決めたといいます。玄白の『蘭学事始』によって、玄白の側から見たそのオランダ語医書の翻訳過程を知ることはできるのですが、良沢の側から見た訳業について書いてみたかったという経緯が『冬の鷹』の「あとがき」に記されています。

『冬の鷹』と蘭学者・前野良沢

『冬の鷹』は、江戸時代中期の中津藩医で蘭学者であった前野良沢《りょうたく》（1723〜1803）を主人公とした小説で、人々が盛んに蘭学を志した時代が舞台となっています。この小説では、良沢が47歳で蘭学を志してオランダ語を学び始めて、日本で最初の本格的なオランダ語医書の翻訳書となる『ターヘル・アナトミア』（『解体新書』として出版された）の翻訳作業に3年半を費やしたその経緯、および生涯打ち込んだオランダ語の研究振りについて書かれています。

長崎から遥々オランダ商館長一行が年に一度、将軍に拝謁するために江戸に来ていました。良沢は長崎屋（オランダ商館長一行の江戸での宿泊所）を杉田玄白と一緒に訪れて、オランダ大通《おおつう》詞《じ》・西善三郎に面会して、良沢は「蘭書《らんしょ》を自由に読む力をつけたいと西に言った。それは至難なわざであるにちがいないが、たとえ眼、髪、皮膚の色がちがっていても同じ人間であるオランダ人の書きしるしたものが読めぬはずがない。かれは蘭語の研究に身を入れたいのだが、その方法を教えて欲しいと言った」（『冬の鷹』p. 21）。

しかし当時、大通詞・吉雄幸左衛門と共に、最もオランダ語に精通している学究肌の通詞であった西は、それは無理だからやめなさいときっぱりと言い切ったのでした。オランダ人の身近で生活している通詞であってもオランダの言語を習い覚えることが、如何に至難なことであるかを西は伝えたのです。その言葉を聞いて、同行していた玄白はあっさりとオランダ語の勉強を断念したものの、良沢は諦めきれなかったのです。良沢と玄白のこの180度違った対処の仕方が、後に『ターヘル・アナトミア』の翻訳作業を進める段になって顕著に表れることになりました。

人は幼少期から各成長段階で、多くの人から教えや影響を受けて、自己の生き方を方向付けて行くものです。良沢は、7歳の時に母方の伯父・宮田全沢（山城国淀藩主稲葉丹後守正益の医官）の家に引き取られて、熱心な読書家であった伯父の影響を受けて育ちました。良沢はその伯父のもとで学問の修得につとめ、その蔵書を読みあさるようになったのです。後に良沢がオランダ語で書かれた様々な本を読んで、西欧の科学や技術を明らかにするという功績を打ち立てたその要因は、伯父の生き方を間近で目にして学び取ったのです。子どもの頃の生活環境が如何に大切で、その後の人の生き方に少なからず影響を与えるかを改めて感じ取ることができます。

ところで当時の日本でオランダ語に最も長けていた大通詞にしても、オランダ語の書物を理解することは予想外に困難であったことを、良沢は長崎滞在中に小通詞並・楢林《ならばやし》栄左衛門から知らされます。通詞はオランダ人と話すことはできても、オランダの書物を読み理解できる者などないこと、吉雄と西ぐらいがそれを辛うじてはたせたものの、彼らとて自在に読める訳ではなく、闇の中を手さぐりするようにあれこれ思案しておよその意味をつかめるだけに過ぎなかったという有り様でした。

良沢は、楢林から「言葉と言葉の橋渡しをする役目をもっている」（『冬の鷹』p. 77）辞書というものの存在について初めて知らされ、それがアルファベット順に単語が配列表記されているため、それが大変便利な書物であることを良沢は認識したのです。良沢のその後の翻訳とオランダ語の研究に大きな力となり武器となったのです。その後、良沢は吉雄の仲介で辞書を譲り受けて江戸に持ち帰ることができたのでした。

良沢は、長崎に到着後、吉雄幸左衛門を真っ先に訪ねて、長崎での滞在が100日ほどだと伝えたところ、吉雄は「百日ばかりの間にオランダ語をきわめるなどという考えはお捨てなされ。勉学は江戸に帰られてからなさるべきで、当地では勉学の手助けとなる洋書を手に入れることにつとめられるべきです。オランダ語修得は、一生かかってようやくその一端をつかむことができるものでござります」（『冬の鷹』p. 87）と答えたのです。

それを聞いた良沢は外国語を身に付けることがいかに困難なことであるか思い知ったのです。そして長崎滞在中、吉雄の勧めに従って洋書を手に入れることに努めました。良沢が吉雄の仲介で手に入れることができた書物の一冊に、ピートル・マリン著の仏蘭辞典がありました。その仏蘭辞典は、良沢が、江戸に戻った後に『ターヘル・アナトミア』の翻訳を成し得た原動力になり、そして夥《おびただ》しいオランダ語研究の成果を上げるために大いに役立ったのです。さらにドイツ人のヨハン・アダム・クルムスが著したものをヘラルズス・デイテンがオランダ語に翻訳した『ターヘル・アナトミア』(6)をも入手することができたのです。

良沢がこの本を手に取って見て、どのページにも横文字が隙間なく印刷されていて、1字として知った単語が見つからない不安に襲われて、当代髄一のオランダ語大通詞の吉雄であるならば、概略は読解できるのではないかと考えて、そのことを尋ねてみると、吉雄は到底読みあかすことなどできないと即答したのでした。良沢は『ターヘル・アナトミア』を入手したものの、この本が何の役にも立たないものと思いつつ江戸に戻ったのです。このくだりから、同じ言語であっても文章語と口頭語との間には言語学的に大きな隔たりがあることを改めて知ったのです。

良沢が江戸に戻ってしばらく後に、中川淳庵の手引きによって、玄白も良沢と同じ版の『ターヘル・アナトミア』を手に入れたのです。３人が千住骨ヶ原の刑場で罪屍腑分《ざいしふわけ》を見物した折に、良沢と玄白は共に『ターヘル・アナトミア』を携えていて、目の前の腑分けされた刑死者の内臓がそこに書かれている内臓図と寸分たがわないことが分かって、良沢、玄白、淳庵の３人は驚きを隠せませんでした。それまで中国から伝わっていた五臓六腑の解剖図とは全く異なることが明らかになったのです。刑場からの帰り道、玄白が『ターヘル・アナトミア』を翻訳しようと良沢と淳庵に提案し、翻訳作業が良沢の自宅に集まって開始されたのです。

ところが玄白は全くオランダ語を知らず、淳庵もA、B、Cから始まる26文字を知っている程度でした。その後に参画した桂川甫周も淳庵と同程度でした。そのため翻訳の作業はオランダ語にわずかながら知識のある良沢に委ねて、玄白ら3人は良沢の翻訳環境を整えたに過ぎなかったのです。悪戦苦闘の末にわずか1年半で翻訳作業が一応のまとまりをみせたのです。しかし良沢はその内容に決して満足することができず、出版することにも賛成せず、翻訳者として自分の名を記すことを拒否したのです。そのため翻訳作業の立て役者であった前野良沢の名が表に出ることはなく、『解体新書』と名付けて出版作業を引き受けた玄白が中心人物として知られるようになったのです。『解体新書』は3年5カ月で完成され、高い評判を得て玄白の名声が鰻上りに上ったのです。脚光を浴びた玄白とは対照的に、良沢は地道なオランダ語研究に没頭する質素な暮らしを選んだのでした。

良沢は『ターヘル・アナトミア』を独力で翻訳したことでオランダ語の高い学力を培って、江戸はもとより長崎の通詞をも含めて比肩する者のいないような域にまで達したのです。後にオランダ語のみならず、ラテン語やフランス語で書かれた書物の翻訳をも手掛けたのです。現在とは事情が違って、当時は十分な辞書も参考書も無く、尋ねたり相談したりできる人が全くいなかったことを考え合わせると、良沢が単独で為し得た数々の訳読の功績とその努力に対して敬服せずにはいられません。

本人の才能と努力なくして、人は偉大な仕事を成し遂げることは望むべくもありませんが、それのみならず運を味方につけることも大切です。良沢は洋学に関心を抱く中津藩主・奥平昌鹿に恵まれて、長崎への遊学を許可されました。また、第八代将軍・徳川吉宗は、洋学を解読できぬことを憂えてオランダ語を専門に修得する人材を育成したいと願って、１７４０（元文５）年に青木昆陽と野呂元丈《げんじょう》にオランダ語研究に専念するように命じたのです。そのような洋学志向が強まっていた時代を背景に良沢はオランダ語の研究に携わることができたのです。

良沢のオランダ書籍への執着心は人生の最後まで続き、そのことを吉村は以下のように記しています。

良沢の老いは、さらに深まった。歩行も困難になって、ほとんど坐《すわ》ったままであった。かれの視力は一層衰え、読書は全く不可能になっていたが、かれは峰子（注、良沢の次女）に命じて書見台の上にオランダの書籍を常に開かせていた。

かれの眼は、すでにオランダ文字の輪郭すらとらえることはできなかったが、かれは、終日蘭書に眼を向けつづけていた。横にならんだ文字と向い合っているだけでも、気持ちが安らいだのだ。（『冬の鷹』pp. 403-404）

人嫌いの良沢は、決して人付き合いが良く、世渡りが上手くはなかったのですが、自分が信じる道を迷うことなくまっすぐに進み、自分が為すべきことをきちんとやり遂げた気丈な人として描かれています。谷口（２０２２）が「強い意志と精神力を持ち合わせた類い稀な人物だと思う」（p. 174）と吉村について書いているように、良沢は作者である吉村自身を描いているようにさえ思えるのです。

主人公の前野良沢が「人の死は、その人間がどのように生きたかをしめす結果だ。どのように死をむかえたかをみれば、その人間の生き方もわかる」（『冬の鷹』、p. 297）と息子の達（良庵）に語るくだりがありますが、鋭い表現で心に響く言葉です。私たちは日頃の生活態度について折あるごとにじっくりと考えてみることが大切です。

『解体新書』は杉田玄白と中川淳庵が翻訳者として知られているのですが、吉村の『冬の鷹』を読んで、その翻訳作業の中心人物が良沢であったことを知るのです。この小説では、頑なに学問探究のために生涯を捧げた蘭学者・前野良沢の姿が具体的に語られています。吉村の丹念な時代考証、慎重な事実の検証に基づく書き振りには痛快感を覚えます。

この小説では、鎖国（１６３９～１８５４）の中にあって唯一オランダが交易を許されていた頃の江戸中期[7]の日本人が西欧文明にどれほど憧れていたのか、その状況が克明に記されており、唯一の外国語であったオランダ語を修得することが如何に困難であったかを思い知らされます。同時に、現代のように多くの優れた辞書を容易に手にすることができ、その上、学校に通えば外国語が学べるという時代とは全く別世界であった当時、人々が外国語を学ぼうとすれば、いかばかりの労苦を重ねたことか、この本を通して読者は詳しく知ることができるのです。

私が大切にしていること、そして言葉

英語を師とし、英語に学ぶ

皆さんもそれぞれ好きな言葉や座右の銘を持っているのではないでしょうか。「座右」とは、いつも座っている場所の右側を意味しますが、それが転じて、傍らないし身近という意味になりました。「銘」とは、心に刻み込んで、忘れないようにするという意味で、戒めの言葉に相当します。「座右の銘」は、いつも自分を高めようと心掛けている人が、折に触れてその言葉を思い出して、自分自身を時には励まし、時には戒めとする言葉です。座右の銘は自分を人間として向上させ、成長させるための目標の言葉ともなるのです。

私には大切にしている2つの言葉があります。その1つが、「英語を師とし、英語に学ぶ」です。これは恩師の酒井榮吾《えいご》先生（愛知学芸大学名誉教授、桜美林大学元教授）から頂いた言葉です。酒井先生が最も敬愛する恩師の冨田達《とおる》博士から授かったという「石を師とし、石に学ぶ」という言葉を座右の銘にしておられました。ある時、先生は「小池君、君は英語を専門にしているのだから、もし学生たちに何か好きな言葉を書いて欲しいと頼まれた時には『英語を師とし、英語に学ぶ』と書いてあげたらどうですか」と勧めてくださいました。先生がこの言葉を通して私に伝えようとしたことは、〝常に英語と真摯に向かい合いなさい。英語の原点に還って考えなさい。英語を丹念に観察してみなさい、そうすれば英語のことが真に理解できるようになりますよ〟ということではなかったかと推測しています。

酒井先生が愛知学芸大学教授の時の愛弟子の仲井豊教授が、酒井先生の追悼記事「酒井榮吾先生を憶う」（『地質學雜誌』１０３（３），１９９７．p. 335）の中で以下のように記していますが、恐らく先生は、英語を専門とする私にも同様のことを伝えようとして、その思いを「英語を師とし、英語に学ぶ」という言葉に託してくださったのではないでしょうか。

先生の学生指導は大変厳しいものでした。学生の間では「教えない先生」といわれていました。それは先生が全く教えないということではなく、先生に質問する場合その事柄について何も調べずに聞くと、「君はどこまで調べたか」という言葉が返ってくるので、とにかく自分自身である程度調べた上で質問しないと答えていただけない先生であったということです。

また先生はよく「真の師は自然である」と言われました。これは富田先生の教えを引き継いでおられたようですが、教師から学ぶより自然に直に触れて自然から学ぶ姿勢が大切であることを強調されました。先生がフィールドとそこでの観察を重視され、地道に研究されていた姿はこのことをあらわすものでした。

先生から頂戴したこの尊い座右の銘を今でもなお戒めとして大切にしています。

生涯現役学徒

私は２００８年９月にアイルランド共和国を訪れました。その時に、ダブリン市内にある教会の売店でプレートに"I am still learning"（イタリア語、Ancora Imparo）と刻まれた心を打つ言葉と出会いました。それはダヴィデ像やシスティーナ礼拝堂の天井画などで有名なイタリアのルネサンス期の芸術家のミケランジェロ（１４７５〜１５６４：Michelangelo Buonarroti）の名言でした。この言葉はミケランジェロが87歳の時の言葉で、「私は今もなお学び続けている」という意味です。その時、私には定年退職までに10年余残っていましたが、定年を迎えた後にも、ミケランジェロのこの言葉のように、現役の研究者でいたいと深く思ったのです。そこで早速そのプレートを買い求めました。そして定年までの間、研究室の机の上にそれを飾っていました。研究室を訪ねてくれた学生たちは、必ず横15・５㎝、縦６・３㎝のそのプレートに目を遣って、「良い言葉ですね」と言ってくれたものです。その言葉にその都度、「実に良いでしょう」と私は答えていました。

私は、下手の横好きで、筆を手にするのが好きなものですから、決して上手とはいえない字で

「生涯現役学徒」という言葉を壁に掲げるようにしました。これはミケランジェロのその言葉を私なりに解釈したものです。何歳まで生きられるか分かりませんが、命の続く限り学び続けたいと強く願っているのです。これが私が大切にしている2つ目の言葉です。

おくがき

近年、私たちは日常生活の様々な場面でコンピュータの恩恵を受けています。私が学生であった頃の環境とは様変わりしています。

以前は多くの時間を費やして検索やデータ処理、文章作成などの作業は、すべて手作業で行っていましたが、現在ではコンピュータを活用して短時間で済ませることができるようになりました。そのため時間が大幅に短縮されることになったことに加えて、精度の高い作業結果も得られるようになりました。しかし得られた成果について最終的に判断し、吟味し、精査するのは私たち人間がすべきことなのです。

ＡＩ（人工知能）の発達により、外国語の機械翻訳についていえば、以前には想像することも出来なかったような高い精度で、しかも日本語ないし英語などの外国語をキーボードで打ち込むと、即座に翻訳してくれます。例えば、最初から英文を作ろうとするよりも、日本文を打ち込んでそれを機械に翻訳させて、その結果を活用することによって、大幅に時間の節約ができます。しかし自分が考えていたような意味に英文が翻訳されているのか、それを見極める語学力を身に付けていなければなりません。それを見極めるための語学力は、日頃の地道な学習によってしか得られません。

今後、学生はその正誤を識別できるような語学力を学生時代に養っておくことが極めて大切になるでしょう。私たちは機械やコンピュータ技術に全面的に頼るのではなく、それを効果的に効率よく活用できるような術を身に付けておくことが大切です。考えるべきこと、判断すべきことは、自分の頭と精神で行いたいものですね。そのためには、大学生の間に、読解力、判断力、思考力、洞察力、決断力をしっかりと身に付けておいて欲しいのです。

私たちはどのようなことでも、嘗て実際に経験したことがあれば、そのことは必ずその後の自分のために生かせると考えます。経験の意味を『明鏡国語辞典』にたずねると「自分で実際に見たり聞いたり行ったりすること。また、それによって得た知識や技能」とあります。私たちは経験したことを通して新たな力を取得しているのです。

今日まで私自身も多くの先生方から教えを受けたという経験がありますから、教師として学生たちに教えたり、学生たちに研究指導を行ったりする立場に立った時に、その経験が大変役立ちました。「経験に勝る財産なし」とも言われるように、様々な経験を積むことによって、そこから多くの貴重なことを学ぶことができるのです。結果を恐れることなく、可能な限りいろいろなことに自ら挑戦してみることによって、自分の世界が広がり、貴重な財産が増えてゆくことになります。

桜美林大学の創立者・清水安三先生が入学式の式辞の中で、本学に在学中「師の影を大いに踏みなさい」と仰ったその言葉が印象に強く残っています。師事する先生にあまり近づき過ぎることとは礼を失することになるため、師に随行するときには、弟子は3尺（約91㎝）くらいうしろに離れて、尊敬する先生の影を踏まないようにしなさい、という意味の「三尺下がって師の影を踏まず」ないし「三尺去って師の影を踏まず」という戒めの言葉を安三先生は捩《もじ》って、私たち新入生に訓辞を与えてくれたのです。

先生方を敬いなさいよ。しかし先生方の研究室を頻繁に訪ねて、勉強のこと、学問のこと、将来の進路など、何でもよいですから先生方に相談してみなさいよ。桜美林大学の先生方は皆喜んで相談に乗ってくれますよ——安三先生は私たち新入生にそのように仰りたかったのだと思いました。桜美林大学の先生方は、その言葉通りに学生に温かく接してくださり、熱心に指導してくださいました。

日本全国の様々な地方や地域から、それぞれ異なった生活環境のもとで育った若者たちが大学に集まっています。そのような多様な人々の中から生涯の友に巡り合えるのは、決して偶然のことではないのです。互いに一定の人格形成ができている青年として、互いに理解し合える相手を見出すことは必然の為せる技としか言いようがありません。これが運命として定まっている縁、つまり人と人との巡り合わせなのです。学問探究の場である大学は、様々な価値観を持つ人たちと出会える貴重な社交の場でもあるのです。

人との出会いと同様に、「学びに生きる」学生としては、生涯のもう一つの頼れる友となり得るような愛読書との出会いも学生時代に是非果たしてください。それを辛い時、悲しい時、寂しい時、迷い悩む時に手に取って対話してみたら如何でしょうか。

大学生としての4年間は、人の一生において最も果敢な時期であり、実社会に出るための準備段階として極めて大切な時期です。学生の時に自分の人生の設計図を描いてみる、様々な体験や経験を自ら進んで行ってみる、もしいったん作成してみた設計図を描き直そうと思ったならば、勇気をもって別の設計図を描けばよいのです。

学生時代に社会の一端を知るために、アルバイトをしてみるのもよいでしょう。単にアルバイト料を手にすることを目的にするのではなく、自分に合った職業を見つけ出すための一助としてアルバイトをすることとは大変意義があると考えます。たとえ自分に合った仕事が見出せなくても、どのような職種が自分には合わないのか、それを知ることができただけでも貴重な経験になります。

その上で、師の影を大いに踏んで、人生経験が豊富な先生方に相談したり、友人と意見交換したりすることも学生としての特権であると考えるのです。学生時代に先生方から学べることは、たくさんあるのです。決して授業の中で教わることだけではないのです。

大学での積極的かつ能動的な学びによって蓄えられた多くの知識を、ただ単に詰め込まれた個々別々の知識として留めておくのではなく、それを脳内で連携させ、統合させ、関連づけをして、正しく効果的に使用できる実践的な英知の域にまで達する知恵として身に付けることを切に願っています。

学生時代に結ばれた師弟の縁は一生の宝物です。生涯にわたって恩師も母校も心の拠り所となるのです。そのような深い絆で結ばれた人間関係を是非とも読者の皆さんが学生時代に築いてくれることを心から祈りつつ本書を終えることにいたします。

注

◉第1章

（1）「駕籠に乗る人担ぐ人」は明治時代まで多く見られる表現でしたが、その後に「そのまた草鞋を作る人」という句を加えて一般に用いられるようになったのは、大正時代以降のことと推測されています。

（2）蕉堅藁（1403）山居十五首次禅月韻「人生由来行路難」より（日本国語大辞典）。

（3）感染者数は「疑似症患者（みなし陽性者）」を含む。カッコ内は前日との比較。都道府県と厚労省の発表は一部重複。再陽性は延べ人数で計上。ダイアモンド・プリンセス乗船者を含む感染者総数は2923万9589人、死者数は5万7573人（『朝日新聞』2023年1月1日）。その後、2023年5月5日、世界保健機関（WHO）のテドロス事務局長が「国際的に懸念される公衆衛生上の緊急事態」の宣言を終了すると発表した（『朝日新聞』2023年5月6日）。

（4）「3万4000年ほど前に人とオオカミが共存していたことをほのめかす考古学的資料がある。共存するより互いに利益を得ていたのは明らかだ。オオカミは焚き火で暖を取れるうえに食料を得るチャンスが増える。人類にとっては、オオカミ（または犬）と一緒のほうが狩りの成功率がはるかに高くなる。ここから美しい友情が始まった。……人類が食料としてヤギ、ヒツジ、牛を家畜化し始めたのは、11,000～10,000年前だ。……馬は非常に役に立つ動物だが、家畜化された時期は遅く、今から6000年ほど前のことだ」（デフィリッポ・ボール2014，p. 55）。

◉第2章

（1）亀山薫、神戸尊、甲斐享、冠城亘が歴代の相棒役を演じています。

（2）人間は、葦に譬えられるように、この自然界で最も弱いものだが、思考することができるという優れた特性を備えているということ。

◉第3章

（1）むかしむかし「はるか昔。とおい昔」（日本国語大辞典）。

（2）英語でもおとぎ話には、日本語と類似した long, long ago（「長い長いずっと以前に」という意味）が用いられます。"ago"は現時点よりも過去の事を意味します。

（3）私が求めていた*Beowulf*とは、8世紀以降に成立した、古英語（Old English：OE）で書かれた英雄叙事詩なのです。その現存する唯一の写本は大英図書館（British Library）に保管されています。ちなみにOE *bēo* "bee"（蜜蜂）とOE *wulf* "wolf"（狼）は、古代ゲルマン社会において、勇敢さ、力強さを象徴する生き物だったのです。そのイメージを書名に用いることによって、強力なコンピュータ・システムであることを表象したものと類推します。

（4）本という漢字には木の字が含まれています。短い横棒は木の根の太い部分を示す印です。つまり本は、「草木の根のもと」（根本）を指す意味から「物事のもととなるもの、基本」、さらに「基本」の意味から「規範となるもの」という意味の派生が生じて、書写されるもとになる書物のことを「本」と呼ぶようになりました（日本国語大辞典）。また、紙がパルプ（木材などの植物の繊維をつぶして軟らかく溶かしたもので紙の原料になる）から作られることも全く無縁ではないように思われます。

第4章

（1）日本語では、「匹」や「枚」のような類別詞を数詞に添えて、その種類や形状などをそれ自体で表す特徴があります。それは日本人が身近な事物をどのように捉えてきたのかという世界観を示す表現技法です。

（2）同じ種類の魚が2匹の場合には、単複同形で"two fish"と表され、二種類の魚を表すのには"two fishes"という語形になることなど、まだ、その時には全く知りませんでした。

（3）「風が吹くと砂ぼこりが出て盲人がふえ、盲人は三味線をひくのでそれに張る猫の皮が必要で猫が減り、そのため鼠がふえて桶をかじるので桶屋が繁盛する」（広辞苑）という経緯です。

（4）福沢は、『学問のすゝめ』の原典で、「オブザベーション」は「ヲブセルウェーション」、「リーズニング」は「リーゾニング」と記しています（福沢2022，p. 124）。

（5）道理＝「ものごとはこうすればこうなる、こうすればいい、という筋道」（三省堂国語辞典）。

（6）「道理で」という表現がありますが、その原因や理由が理解できた時に用いられるゆえんです。

第5章

（1）「～ずら」は、推量や想像を表す終助詞で、山梨のみならず、神奈川、静岡、長野、愛知などでも方言として用いられます（新明解国語辞典）。

（2）『東方見聞録』は、イタリア・ベネチアの商人のマルコ・ポーロ（Marco Polo．1254～1324）が行った東方旅行（1271～1295）の体験談をイタリアの物語編纂者であるルスティケッロ（Rustichello da Pisa、生没年不詳）が記録した旅行記です。

（3）ブライトンは、イングランド南東部に位置し、イギリス海峡に臨む都市です。

（4）コーンウォールは、イングランド南西部に突き出している半島の先端部に位置する地域です。男性が話した英語は、ケルト語の特徴が残る、コーンウォール人に特有の訛りであったのです。

（5）イーストボーンは、イングランド南東部に位置して、イギリス海峡に臨む都市です。ブライトンとは比較的に近い位置にあります。

（6）長い歴史を持つ英国の方が、それほど長い歴史を持たないアメリカやオーストラリアと比べると、方言の数や種類が多いと言われます。

（7）「……俳句が、高尚な純文学趣味に引き上げられたのは何よりも宗因よりも芭蕉の力であったと言える……芭蕉の俳文には漢文漢詩を取り入れ、又はその趣味に影響されているものが頗る多い。元来・俳文なるもの特に芭蕉の俳文は、殆ど芭蕉独自の独創である、と言っても過言ではないだろう」（「漢詩と俳句の文学差異」http://www.ccv.ne.jp/home/tohou/kansi-haiku.html）と言及されています。

（8）蟹澤聰史（２０１６年．日本地質学会学術大会）「『おくのほそ道』の地質学」（https://www.jstage.jst.go.jp/article/geosocabst/2016/0/2016_091/_pdf/-char/ja）。

（9）挨拶は、「禅宗で、問答によって、門下の僧の悟りの深浅をためすこと」（日本国語大辞典）で、挨は「押す」、拶は「迫る」という意味です。

（10）「済まない」は、「相手にめいわくをかけて、気持ちがおさまらない」に由来します。「すみません」が「感謝するときにも使う理由は、何かお礼をするまで、気持ちがおさまらないから」（三省堂国語辞典）という行為を受けた相手への気遣いに由来します。

●第6章

（1）「培う」という言葉は、能力や性質を養い育てるという意味として用いられるが、草や木の根元に土を掛けてそれを育てるという、「土を養《か》う」という意味に基づく言葉です。

（2）新田次郎（1912〜1980）―本名　藤原寛人《ひろと》―長野県上諏訪町大字上諏訪角間新田《かくましんでん》に藤原家の次男として生まれた。ペンネームは新田村の次男坊として生まれたことに由来（『自伝』p. 226）。

（3）「二足の草鞋」とは、「両立がむずかしい二つの職業・任務を兼《か》ねる」ことを言い、「もと、ばくち打ちが岡《おか》っ引きを兼ねることを言った」（三省堂国語辞典）。

（4）新田次郎（1983）には、「百枚ずつ四回」と書かれています。

（5）加藤文太郎（1905〜1936）日本の登山家。

（6）『ターヘル・アナトミア』（解体新書）は、ドイツ人医師 Johan Adam Kulmus（1689〜1745）の *Anatomische Tabellen*（1722）をライデンの医家 Gerardus Dicten（『冬の鷹』ではヘラルズス・デイテンと記されている）がオランダ語に訳した *Ontleedkundige Tafelen*（1741）を底本として翻訳されました（ニッポニカ）。

（7）鎖国の最中にあった日本、長崎、江戸の世相については、吉村昭『ふぉん・しいほるとの娘（上・下）』、『長英逃亡（上・下）』（新潮文庫）に詳細に書かれています。

参考文献

嵐山光三郎（2022）『超訳　芭蕉百句』（ちくま新書）筑摩書房.

池田信夫・與那覇潤（2012）『「日本史」の終わり―変わる世界、変われない日本人』ＰＨＰ研究所.

伊集院　静（2021）『ミチクサ先生（上・下）』講談社.

マクニール、ウィリアム．H．（著）／増田義郎・佐々木昭夫（訳）（2016．2008）『世界史（上）』（中公文庫）中央公論新社．

デフィリッポ、ヴァレンチナ（著）／ボール、ジェイムズ（著）／北川玲（訳）（2014）『インフォグラフィックで見る　138億年の歴史―宇宙の始まりから現代世界まで』創元社．

キーン、ドナルド（2022）『日本文学のなかへ』（文春学藝ライブラリー）文藝春秋．

小池一夫（2012）「学徒の心得―挨拶に代えて「日本英語教育英学会・会報」（第32号．10月20日発行）．

――（2022）「私が英語について考えてきたこと」『英語学・英語教育研究』（第27巻41号）．

小林康夫・大澤真幸（2014）『「知の技法」入門』河出書房新社．

司馬遼太郎記念館会誌編集委員会（編）（2001）『遼』（2001年秋季号　創刊号）東大阪市、財団法人司馬遼太郎記念財団．

清水幾太郎（1976）『本をどう読むか』（講談社現代新書）講談社．

鈴木孝夫（2014）『日本の感性が世界を変える―言語生態学的文明論』（新潮選書）新潮社．

谷口桂子（2022）『吉村昭の人生作法―仕事の流儀から最期の選択まで』（中公新書ラクレ）中央公論新社．

東方敬信（2009）『生きるための教育―教育人間学とキリスト教』教文館．

西岡常一・小川三夫・塩野米松（2020．2005）『木のいのち木のこころ（天・地・人）』新潮社．

西山敏樹（2016）『大学1年生からの研究の始めかた』慶應義塾大学出版会．

新田次郎（1983）『白い花が好きだ・小説に書けなかった自伝』（完結版新田次郎全集第十一巻）新潮社．

――（2012）『小説に書けなかった自伝』（新潮文庫）新潮社．

福沢諭吉（著）／伊藤正雄（訳）（2021．2013）『現代語訳　学問のすすめ』（岩波現代文庫）岩波書店．

――（2022．1942）『学問のすゝめ』（岩波文庫）岩波書店．

ペティグリー、アンドルー（著）／桑木野幸司（訳）（2017）『印刷という革命（新装版）―ルネサンスの本と日常生活』白水社．

松本清張（2020．1974）『死の枝』（新潮文庫）新潮社．

安田敏朗（2006）『辞書の政治学―ことばの規範とはなにか』平凡社．

吉村　昭（2011．1976）『冬の鷹』（新潮文庫）新潮社．

―――（2011．1989）『長英逃亡（上・下）』（新潮文庫）新潮社．

―――（2021．1993）『ふぉん・しいほるとの娘（上・下）』（新潮文庫）新潮社

その他、辞書等

『鬼に訊け』製作委員会（2011）『鬼に訊け―宮大工　西岡常一の遺言―』（DVD）Maxam.

北原保雄（編）（2010）『明鏡国語辞典』（第二版）大修館書店．

見坊豪紀ほか（編）（2022）『三省堂国語辞典』（第八版）三省堂．

小学館（編）（2006）『精選版　日本国語大辞典』（第二版）小学館．

新村　出（編）（2018）『広辞苑』（第七版）岩波書店．

山田忠雄ほか（編）（2020）『新明解国語辞典』（第八版）三省堂．

『日本大百科全書（ニッポニカ）』（電子版）（2015）小学館．

●著者プロフィール

小池一夫（KOIKE Kazuo）

1949年山梨県生まれ。桜美林学園理事長。桜美林大学名誉教授、聖徳大学名誉教授。英語学・英語史・英語語彙論専攻。日本英語教育英学会理事長・評議員、日本英語表現学会理事、日本文体論学会理事、片平会顧問。著書に『英語学概説』（青磁書房）、『語と構造の間―英語学研究序説―』（青磁書房）、『英語の世界』（共著、三修社）など。その他、英語学・言語学・英語教育に関する論文多数。

君《きみ》は大学《だいがく》で何《なに》を学《まな》ぶべきか

2023年8月1日　初版第1刷発行

著者	小池一夫
発行者	森下紀夫
発売所	論創社 〒101-0051　東京都千代田区神田神保町2-23　北井ビル tel. 03（3264）5254　fax. 03（3264）5232　http://ronso.co.jp 振替口座　00160-1-55266

装釘	奥定泰之
組版	桃青社
印刷・製本	中央精版印刷

ISBN978-4-8460-2288-4
落丁・乱丁本はお取り替えいたします。